DIREITO DIGITAL

Maurício Tamer

DIREITO DIGITAL

COORDENAÇÃO:
Marcelo Hugo da Rocha

EDITORA RIDEEL
Quem tem Rideel tem mais.

SÉRIE Rideel FLIX

EXPEDIENTE

FUNDADOR	Italo Amadio (*in memoriam*)
DIRETORA EDITORIAL	Katia Amadio
EDITORAS	Janaína Batista Mayara Sobrane
EDITORA ASSISTENTE	Mônica Ibiapino
PROJETO GRÁFICO	Sergio A. Pereira
DIAGRAMAÇÃO	WK Comunicação

Dados Internacionais de Catalogação na Publicação (CIP)
(Câmara Brasileira do Livro, SP, Brasil)

Tamer, Maurício
Direito digital / Maurício Tamer. -- São Paulo : Rideel, 2022.
(Rideel Flix / coordenação de Marcelo Hugo da Rocha)

ISBN 978-65-5738-524-1

1. Internet - Legislação – Brasil 2. Tecnologia e direito I. Título II. Rocha, Marcelo Hugo da III. Série

22-2022 CDD 343.8109944
CDU 340.134

Índice para catálogo sistemático:
1. Internet - Legislação – Brasil

EDITORA RIDEEL

EDITORA AFILIADA

Av. Casa Verde, 455 – Casa Verde
CEP 02519-000 – São Paulo – SP
e-mail: sac@rideel.com.br
www.editorarideel.com.br

1 3 5 7 9 8 6 4 2
0 7 2 2

DEDICATÓRIA

Aos meus pais, Marileide Solange Zuquieri Tamer e Wilson Tamer, exemplos.

À Nathalia Corrêa Leiser, inspiração e compreensão, e a todos que, assim como eles, trazem apoio, compreensão, incentivo e paz incondicionais.

SOBRE O AUTOR

Maurício Tamer

Advogado no Machado Meyer Advogados. Doutor em Direito Político e Econômico na Universidade Presbiteriana Mackenzie (2021). Mestre em Direito Processual Civil pela Pontifícia Universidade Católica de São Paulo - PUC-SP (2016). Graduado em Direito pela Universidade Presbiteriana Mackenzie (2012). Coordenador e professor de cursos de pós-graduação e graduação. Membro da Comissão de Microempresas e *Startups* do Instituto dos Advogados de São Paulo – IASP.

Instagram: @mauriciotamer

Contatos: mauriciotamer@gmail.com

e mtamer@machadomeyer.com.br

APRESENTAÇÃO DA SÉRIE RIDEEL FLIX

Qual é o primeiro livro em que todo aluno de Direito investe quando ingressa na faculdade? Provavelmente num *Vade Mecum*.

Mas além dele, qual seria o outro ou os outros títulos? É difícil dizer, porque são tantas disciplinas e professores durante o curso, que talvez a afinidade com eles leve a direcionar os estudos ao próximo livro a ser adquirido.

Há alguns obstáculos, no entanto, que nossos alunos e leitores reclamam quando desejam montar a própria biblioteca. Preço, linguagem, didática e praticidade são alguns deles. A partir de nossa experiência em sala de aula e no mercado editorial, construímos uma série para ser a primeira coleção que todo aluno de Direito gostaria de ter nas suas prateleiras.

A Série Rideel Flix traz as principais disciplinas da graduação do Direito, bem como aquelas que mais são presentes em editais de concursos públicos e para o Exame da OAB. Com uma linguagem objetiva e direta, além da didática de sala de aula dos autores, todos professores renomados, apresenta os conceitos de forma clara e entendível, tudo o que o acadêmico gostaria de ter.

Sem dar muitos *spoilers*, o texto é complementado com esquemas e quadros para facilitar a compreensão e fixar o conteúdo. É uma coleção moderna, com uma diagramação diferenciada e um formato leve, atendendo ao estudante de Direito e a todos aqueles que desejam aprender mais sobre esta ciência. Ademais, são 50 anos de experiência da Editora Rideel que validam a qualidade desta série.

Marcelo Hugo da Rocha

Coordenador | @profmarcelohugo

NOTA DO AUTOR

É com felicidade que entregamos este texto para essa coleção inovadora e de já reconhecido sucesso. Tentamos aqui, se é que isso é possível, agregar conhecimentos ao rol de livros de renomados autores com a matéria de Direito Digital. Espera-se que esse desiderato seja atingido.

Com o presente trabalho esperamos atender ao desafio de interagir com as expectativas à completude e à curiosidade que o tema da tecnologia da informação demanda em associação às estruturas jurídicas. Como já se teve oportunidade de dizer, poucos são os temas que colocam o Direito frente a frente com si mesmo, em um verdadeiro divã, com a análise e desenvolvimento dos seus preceitos e dogmas.

O Direito Digital se perfaz no diálogo entre as estruturas jurídicas e as tecnologias da informação, se manifestando diariamente e de forma multifacetária. Os textos normativos são alterados, pautado nos desafios relacionados à busca por uma regulação equilibrada, nem inexistente, nem sufocante. O trabalho hermenêutico é potencializado e se torna cada vez mais necessário. As percepções sociais e da literatura jurídica também são modificadas. Os mecanismos de resolução de conflitos sofrem metamorfoses diárias. Os intérpretes normativos são influenciados em suas posições. Os fatos são alterados e as provas, por consequência, também.

A proposta deste texto, assim, condizente com o propósito da coleção que passa a integrar, é o estudo objetivo dos temas que decorrem desse diálogo. Sua organização é, inclusive, fruto dos trabalhos de organização de cursos por este autor, representando o que este acredita ser uma ordem lógica e aproveitável de conteúdo. Não tem a pretensão de ser um *Manual de Direito Digital*, mas a ideia é similar. Quem sabe um embrião de um projeto futuro?

Deseja-se uma leitura proveitosa e este autor se coloca, desde já, aberto ao diálogo e aprendizado.

SUMÁRIO

DEDICATÓRIA V

SOBRE O AUTOR VII

APRESENTAÇÃO DA SÉRIE RIDEEL FLIX IX

NOTA DO AUTOR XI

1 ENTENDENDO UM POUCO A NOSSA SOCIEDADE 1

1.1 Sociedade da informação ou pós-industrial 1

1.2 Quarta revolução industrial 3

1.3 Internet e seu funcionamento 6

1.4 *Big data* 8

1.5 Internet das coisas 9

1.6 Inteligência artificial 10

1.7 *Blockchain* 13

1.8 *Startups* 18

2 MARCO CIVIL DA INTERNET 22

2.1 Fundamentos do uso da internet no Brasil (art. 2º) 22

2.2 Princípios (art. 3º) 26

2.3 Objetivos (art. 4º) 30

2.4 Definições (art. 5º) 31

2.5 Direitos e garantias dos usuários de internet (art. 7º) 33

2.6 Proteção dos registros eletrônicos e dados cadastrais (art. 10) 36

2.7 Aplicabilidade territorial (art. 11) 38

2.8 Responsabilidade por danos decorrentes de conteúdo gerado por terceiros e a possibilidade de indisponibilização de conteúdo (arts. 18 a 21) 39

2.9 Identificação de usuário responsável pela prática de ilícito por meio da internet (art. 22) 42

3 LEI GERAL DE PROTEÇÃO DE DADOS PESSOAIS – LGPD 46
3.1 Objetivo da LGPD (art. 1º) 46
3.2 Fundamentos da proteção de dados no Brasil (art. 2º) 52
3.3 Aplicabilidade territorial da lei (art. 3º) 61
3.4 Aplicabilidade material da lei (art. 4º) 64
3.5 Definições (art. 5º) 67
3.6 Princípios (art. 6º) 80
3.7 Bases legais de tratamento (arts. 7º a 14) 92
3.8 Direitos dos titulares (art. 18) 103
3.9 Transferência internacional de dados pessoais (arts. 33 e ss.) 106
3.10 Dinâmica de responsabilização (arts. 42 e ss.) 110
3.11 Incidente de privacidade 116
3.12 Segurança e boas práticas de governança em privacidade 121
4 ASPECTOS DA RESOLUÇÃO DE CONFLITOS 123
4.1 O Acesso à Justiça e as tecnologias 123
4.2 Provas digitais 127
4.3 ODRs 131
4.4 Arbitragem *on-line* 133
4.5 Questões relacionadas à inteligência artificial e alguns possíveis limites 139
5 CRIMES CIBERNÉTICOS 147
5.1 Breves considerações sobre o Direito Penal e aspectos introdutórios 147
5.2 Alguns dos principais métodos, artefatos ou técnicas 149
5.3 Principais crimes em espécie 151
REFERÊNCIAS BIBLIOGRÁFICAS 156

1 ENTENDENDO UM POUCO A NOSSA SOCIEDADE

O propósito deste primeiro capítulo que, propositalmente, dá início à obra, é justamente tentar apresentar, de forma bem objetiva, os principais elementos de compreensão da sociedade contemporânea e a partir da qual surgem os focos de discussões jurídicas, incluindo algumas análises sobre as tecnologias da informação mais relevantes.

1.1 Sociedade da informação ou pós-industrial

Falar de sociedade da informação ou da sociedade pós-industrial pode sugerir uma certa redundância no tempo contemporâneo, mas não é. Seu entendimento é condição ou premissa de entendimento de todos – ou de boa maioria – dos fenômenos que experimentados.

Já em 1982, Yoneji Masuda alertava sobre as alterações profundas que nossa sociedade passava e passaria cada vez mais, chamando o período de "Época da Informação". Sinalizou que nossa espécie humana vivia, como ainda vive, aliás,

> um processo de transformação silenciosa da sociedade: o surgimento de uma época da informação, centrada na tecnologia de telecomunicações e informática. Uma 'Época da Informação' é o período de tempo em que ocorre uma inovação na tecnologia da informação, em que se torna latente o poder de transformação da sociedade, capaz de acarretar uma expansão da quantidade e da quantidade da informação, e um aumento em larga escala no armazenamento da informação. Essa época da informação, centrada na tecnologia do computador, terá um impacto muito mais decisivo na sociedade humana do que a revolução da 'energia', que começou com a

> invenção da máquina a vapor. A razão básica disso é que a função fundamenta do computador é substituir e amplificar o trabalho mental humano, enquanto a máquina a vapor teve a função básica de substituir e amplificar o trabalho físico.[1]

Objetivamente, assim, o reconhecimento da sociedade da informação é o entendimento de um fenômeno da contemporaneidade com duas características principais e encadeadas logicamente entre si.

A primeira é a existência, há mais de 40 anos e cada vez mais presente e crescente, de tecnologias pautadas no uso dos dados e na informação deles extraídas. Tecnologias que, por isso, permitem o desenvolvimento de novas e diferentes soluções para os negócios e para os mais variados hábitos diários de cada um de nós. A segunda, decorrente dessa primeira, é que, em razão disso, os dados e as informações passaram a ser um dos principais – se não o principal – ativo de mercado. Essa é a essência de conteúdo do que se pode chamar de economia de dados.

A sociedade da informação, assim, em linhas gerais e dentro do que cabe ao presente trabalho, se revela a partir da identificação de um valor específico que lhe dá nome e guia seus passos: a informação.

Vive-se uma sociedade diferente e que se modifica diariamente. As alterações são só acontecem em maior quantidade, como em bem maior frequência e velocidade. Parece ser possível se falar em uma sociedade *beta* marcada por rupturas reiteradas que demandam novas compreensões sociais das respectivas consequências e as res-

---

1 MASUDA, Yoneji. *A sociedade da informação como sociedade pós-industrial*, trad. Kival Charles Weber e Angela Melim, Rio de Janeiro: Ed. Rio, 1982, p. 67. Também sobre o tema ver MATTELART, Armand. *Historia da sociedade da informação*, 2. ed., São Paulo: Loyola, 2002.

pectivas adequações sociais e jurídicas. Ao se dizer que algo é *beta*, fala-se em uma versão experimental ou anterior à versão final. A ideia, nesse ponto, é sinalizar a sensação social reiterada que parece existir de que a atual formatação de tecnologias e respectivos comportamentos são sempre passageiros ou estão já desatualizados. Parece haver sempre a ânsia por uma nova versão de tudo. O que dizer do aprendizado social e tecnológico durante a pandemia da Covid-19?

1.2 Quarta revolução industrial

Outra característica ou fenômeno próprio da nossa sociedade é a chamada quarta revolução industrial, muitas vezes apresentada de forma comercial com a adjetivação da expressão "4.0" em textos, cursos e na qualificação de profissionais. Com certeza, já ouviu expressões como "Advocacia 4.0" ou "Indústria 4.0". Mas, em termos teóricos e práticos, o que esse fenômeno significa para entendimento da nossa sociedade contemporânea?

A ideia surge a partir da leitura feita pelo economista Klaus Schwab das características econômicas do momento contemporâneo. Mais do que a evolução da terceira revolução, a grande pedra de toque de virada para o novo fenômeno é justamente a forma diferente com que os seres humanos interagem entre si e com o mundo à sua volta.

Identificou o autor:

> Atualmente, enfrentamos uma grande diversidade de desafios fascinantes; entre eles, o mais intenso e importante é o entendimento e a modelagem da nova revolução tecnológica, a qual implica nada menos que a transformação de toda a humanidade. Estamos no início de uma revolução que alterará profunda-

mente a maneira como vivemos, trabalhamos e nos relacionamos. Em sua escala, escopo e complexidade, a quarta revolução industrial é algo que considero diferente de tudo aquilo que já foi experimentado pela humanidade. [...] Estou bastante ciente de que alguns acadêmicos e profissionais consideram que essas inovações são somente mais um aspecto da terceira revolução industrial. Três razões, no entanto, sustentam minhas convicções da ocorrência de uma quarta – e distinta – revolução: – Velocidade: ao contrário das revoluções industriais anteriores, esta evolui em um ritmo exponencial e não linear. Esse é o resultado do mundo multifacetado e profundamente interconectado em que vivemos; além disso, as novas tecnologias geram outras mais novas e cada vez mais qualificadas. Amplitude e profundidade: ela tem a revolução digital como base e combina várias tecnologias, levando a mudanças de paradigma sem precedentes da economia, dos negócios, da sociedade e dos indivíduos. A revolução não está modificando apenas 'o que' e o 'como' fazemos as coisas, mas também 'quem' somos. Impacto sistêmico: ela envolve a transformação de sistemas inteiros entre países e dentro deles, em empresas, indústrias e em toda sociedade. [...] Ela teve início na virada do século e baseia-se na revolução digital. É caracterizada por uma internet mais ubíqua e móvel, por sensores menores e mais poderosos que se tornaram mais baratos e pela inteligência artificial e aprendizagem automática (ou aprendizagem da máquina). As tecnologias digitais, fundamentadas no computador, software e

> redes, não são novas, mas estão causando rupturas à terceira revolução industrial; estão se tornando mais sofisticadas e integradas e, consequentemente, transformando a sociedade e a economia global. [...] A quarta revolução industrial, no entanto, não diz respeito apenas a sistemas e máquinas inteligentes e conectadas. Seu escopo é muito mais amplo. Ondas de novas descobertas ocorrem simultaneamente em áreas que vão desde o sequenciamento genético até a nanotecnologia, das energias renováveis à computação quântica. O que torna a quarta revolução industrial fundamentalmente diferente das anteriores é a fusão dessas tecnologias e a interação entre os domínios físicos, digitais e biológicos.[2]

Reconhecer a quarta revolução industrial é reconhecer assim que a humanidade passa por um momento diferente de todos os outros que já passou. Com profundas, plurais e rápidas transformações. Como não poderia deixar de ser, isso afeta a forma como as pessoas conduzem suas vidas e negócios e, por decorrência lógica, como o Direito deve se portar diante desses novos modelos.

As principais características que ajudam a explicar a quarta revolução industrial são: (i) a velocidade com que as transformações sociais ocorrem, não mais de forma linear e padronizada, mas com crescimento e ritmos exponenciais e vertiginosos; (ii) a amplitude e profundidade com que as alterações se operam; e (iii) a fusão das tecnologias e a interação entre os domínios físicos, digitais e biológicos.

2 SCHWAB, Klaus. *A quarta revolução industrial*, Tradução de Daniel Moreira Miranda, São Paulo: Edipro, 2016, p. 11, 13 e 16-17

1.3 Internet e seu funcionamento

Também é importante entender a internet e seu funcionamento. Se falar de Direito Digital é falar da relação das estruturas jurídicas com as tecnologias da informação, é preciso tentar explicar, dentro do propósito deste texto, como a principal dessas tecnologias se desenvolve.

Internet é uma estrutura palpável e que consiste em uma estrutura física por meio da qual há o tráfego, extremamente rápido de dados. Não é algo fruto da imaginação ou da metafísica, mas uma verdadeira infraestrutura de escala mundial, pois distribuída por cabos e estruturas por todo o mundo. A denominação "rede mundial de computadores" ainda é muito utilizada como sinônimo de *internet* justamente por isso.

Não à toa, a Lei nº 12.965/2014, conhecida como Marco Civil da Internet, define *internet* como: "o sistema constituído do conjunto de protocolos lógicos, estruturado em escala mundial para uso público e irrestrito, com a finalidade de possibilitar a comunicação de dados entre terminais por meio de diferentes redes; (art. 5º, I).".

Por meio dessa infraestrutura há o tráfego de dados. O envio e recebimento de dados (dos quais se extraem informações) entre os mecanismos ou instrumentos conectados em cada ponta dessa infraestrutura, os chamados terminais, como também define o Marco Civil da Internet: "terminal: o computador ou qualquer dispositivo que se conecte à internet;" (art. 5º, II). Esses terminais podem ser computadores, celulares, *tablets*, servidores ou qualquer coisa que se conecte, automaticamente ou não, à internet. Conectividade automática ocorre, por exemplo, no fenômeno da internet das coisas, sobre o qual também se discorrerá neste primeiro capítulo.

Aliás, uma analogia simples parece explicar bem o tráfego de dados. Basta pensar em um conjunto de encanamentos por onde passam as águas de uma cidade. A infraestrutura da internet é, na ideia, similar, mas em vez de água, trafegam dados.

É de se reparar que o terminal é o dispositivo que se conecta à internet e não o usuário que dele faz uso. Isso é relevante, por exemplo, em procedimentos de persecução penal, em que, por conta da necessária responsabilidade penal subjetiva, se faz necessária a individualização da conduta com a certeza probatória do uso do terminal pelo agente do fato pretensamente criminoso.

Para que tais terminais acessem à internet, é preciso que *sejam plugados* na infraestrutura o que se dá pela chamada *conexão de internet*. Ou seja, a conexão de internet pode ser entendida como "a habilitação de um terminal para envio e recebimento de pacotes de dados pela internet" (art. 5º, V, do MCI). A empresa que presta esse serviço, ou seja, que de forma gratuita ou onerosa confere uma habilitação ao terminal é identificada como provedor de conexão.

E as conexões sem fio (*wi-fi* ou *bluetooth*, principalmente)? Essas são tecnologias que conectam um terminal a um ponto de conexão com a infraestrutura da internet. Assim, em uma residência ou em um espaço comercial, os aparelhos dos usuários são conectados via *wi-fi* até o ponto central de habilitação da residência ou do espaço à internet.

Naturalmente e para seu melhor funcionamento, cada um desses terminais precisa ser identificado de forma técnica na rede. Assim, cada terminal, ao ser conectado e de forma não necessariamente fixa, recebe um endereço de protocolo de internet, também conhecido como endereço IP ("III – endereço de protocolo de internet (endereço IP): o código atribuído a um terminal de uma rede para permitir sua identificação, definido segundo parâmetros internacionais;" – art. 5º, III, do MCI). É como se fosse o RG ou CPF do terminal enquanto este estiver conectado à infraestrutura da internet e por meio desse código ele é identificado.

Uma vez conectados à internet esses terminais fornecem serviços e conteúdo ao ambiente gerado pela infraestrutura da internet ou se aproveitam desses serviços e conteúdo. Tem-se, então, o que juridicamente pode se chamar de aplicações de internet, ou seja, "o conjunto de funcionalidades que podem ser acessadas por meio de um terminal conectado à internet" (art. 5º, VII, do MCI). As empresas que fornecem esses serviços ou conteúdo, seja de qualquer funcionalidade, são reconhecidas como provedores de aplicação de internet. Se tratará mais do tema no Capítulo dedicado ao Marco Civil da Internet.

1.4 *Big data*

Dentro dos pontos iniciais sobre os fenômenos presentes em nossa sociedade, é importante mencionar e tecer considerações breves sobre o *big data* que tem transformado modelos de negócio tradicionais, por assim dizer, como também criado novos serviços ou funcionalidades.

Em síntese, *big data* é o nome que pode ser atribuído a um fenômeno da contemporaneidade caracterizado, sobretudo, pelo entendimento da grande quantidade de dados, pessoais ou não, que pode ser utilizada. Sua compreensão se dá, muito, a partir da leitura *a contrario sensu* em relação ao que ocorria antes da sua verificação.

Se antes, a quantidade de dados utilizada era pequena com processos manuais e, muitas vezes, artesanais, o fenômeno do *big data* pode ser definido pela oposição a essa ideia. O que explica o fenômeno, portanto, é a possibilidade concreta da utilização de uma massiva quantidade de dados, em enorme velocidade e a partir das mais variadas fontes.

As características de operacionalização dessa grande massa de dados são seus principais pilares conceituais. Seriam esses três "*vs*" que caracterizam o fenômeno: enorme volume de dados, enorme velocidade de coleta e processamento, e variedade de fontes de coleta.

É um fenômeno que potencializa as atividades e, por consequência, pode representar diferentes perspectivas jurídicas, em especial, nas leituras de regulação do tratamento de dados pessoais e da inteligência artificial. Vejamos alguns exemplos: (i) o desenvolvimento de produtos pelas empresas, a partir da previsibilidade de demandas de clientes; (ii) a manutenção preditiva de equipamentos a partir da leitura dos dados produzidos anteriormente; (iii) a identificação comportamental de clientes; (iv) a verificação de fraudes e potenciais desconformidade a partir da leitura de padrões de várias ordens; e (v) a estruturação e evolução de soluções de inteligência artificial e, em especial, de *machine learning*.

1.5 Internet das coisas

Outro fenômeno muito interessante e digno de nota é a chamada *internet das coisas*. Por conceito, pode ser entendida a capacidade das coisas ou objetos conectarem à internet e por meio dela interagirem de forma automatizada.

Tentando simplificar a ideia, o fenômeno parece se explicar pela capacidade cada vez mais crescente dos objetos atuarem de forma autônoma, sem participação humana, atuando de forma inteligente. Ou seja, sendo capaz de avaliar os cenários em que se encontram, a grande quantidade de dados que recebem e de tomar decisões de forma autônoma. Os exemplos são os mais variados. Inserem-se aqui os dispositivos inteligentes, as casas inteligentes, os carros autônomos etc. Juridicamente, um dos grandes pontos de questão está em saber a quem se atribui a responsabilidade de atos ilícitos praticados por tais objetos.

1.6 Inteligência artificial

Sem entrar no nível de detalhe que o tema pede, mas pensando na proposta objetiva da presente obra, de uma maneira geral e tentando simplificar o que não é simples, se é que isso é possível, inteligência artificial (IA) parece ser uma ideia a ser extraída da junção lógica dos dois termos: inteligência e artificial.

Inteligência, em linhas muito gerais, decorre da ideia de reconhecer a capacidade de algo ou de alguém realizar a categorização de objetos e respectivas separando-os por características e propriedades que possuem, o que pode se dar em graus diferentes de capacidade e detalhe. O exercício subsequente da racionalidade vem então pela capacidade de tal separação aliada à correta tomada de decisão a partir das categorizações feitas. Inteligente é aquilo ou quem consegue diferenciar o mundo à sua volta e tomar decisões decorrentes dessa diferenciação. É a soma das fases sequenciais de identificação, categorização, raciocínio e tomada de decisão.

A percepção popular do "mais inteligente", então, seria associada aquilo ou a quem melhor consegue racionalizar esse processo e em maior nível de detalhe ou categorização. Assim, é um processo de inteligência desde a simples diferenciação entre um livro e uma maçã, tomando a decisão de se alimentar apenas do segundo, como também complexos raciocínios pautados em lógica, a partir de premissas e resultados consequenciais respectivos. De um modo amplo, "ser inteligente", na ideia média e popular e que interessa ao essencial de explicação desse trabalho, é saber lidar com um determinado objeto e extrair dele classificações e consequências lógicas e racionalmente válidas.

Soma-se a isso os termos e expressões que podem eventualmente categorizar a própria inteligência, seja porque dizem respeito ao próprio objeto sobre o qual se raciocina, seja porque dizem respeito a forma como as quatro etapas da inteligência se desenvolvem. Falar em "inteligência emocional" ou "inteligência jurídica" é falar de exemplos da primeira possibilidade. O raciocínio e a tomada de decisão sobre as emoções e sobre o Direito, respectivamente. Por sua vez, a "inteligência artificial" parece ser justamente exemplo do segundo, caracterizando uma forma não natural de identificar, categorizar, raciocinar e tomar a decisão. Em linhas gerais, portanto, parece que a inteligência artificial pode ser entendida pela capacidade programada, técnica e não natural de identificar objetos, categorizá-los, aplicar em relação a eles uma lógica racional e, a partir dessas três fases anteriores, tomar as decisões respectivas com a apresentação dos resultados de toda essa atividade de inteligência[3-4].

3 Como pondera Jordi Nieva Fenoll: "No existe un total consenso sobre lo que significa la expresión 'inteligencia artificial', pero sí que podría decirse que describe la possibilidade de que las máquinas, en alguna medida, 'piensen', o más bien imiten el pensamento humano a base de aprender y utilizar las generalizaciones que las personas usamos para tomar nuestras decisiones habituales." (FENOLL, Jordi Nieva. *Inteligencia artificial y proceso judicial.* Madrid : Marcial Pons, 2018, p. 20).

4 "For the present purpose the artificial intelligence problem is taken to be that of making a machine behave in ways that would be called intelligent if a human were so behaving." (MCCARTHY, J.; MINSKY, M. L.; ROCHESTER, N.; SHANNON, C. E.. A proposal for the Dartmouth summer research project on artificial intelligence, august 31, 1955. *In AI magazine* 27 (4):12, 2006); "Although there is no single agreed definition of AI,5 there are similarities between many of those being used. Broadly, AI is a set of statistical tools and algorithms that combine to form, in part, intelligent software enabling computers to simulate elements of human behaviour such as learning, reasoning and classification" (HOUSE OF COMMONS – SCIENCE AND TECHNOLOGY COMMITTEE. *Algorithms in decision-making*: fourth report of session 2017-19, 2018, p. 7. Disponível em: https://publications.parliament.uk/pa/cm201719/cmselect/cmsctech/351/351.pdf. Acesso em: 7-9-2020); Sobre o tema, ver ainda: SILVA, Nilton Correia. Inteligência artificial *In* FRAZÃO, Ana. MULHOLLAND, Caitlin [coord.]. *Inteligência artificial e direito*: ética, regulação e responsabilidade, São Paulo: Thomson Reuters Brasil, 2019, p. 35-52.

Adicionalmente, é importante dizer que a implementação prática dessa ideia se dá pelos mecanismos conhecidos como "algoritmos", ou seja, os instrumentos práticos e concretos por meio dos quais as fases de identificação à tomada de decisão, de forma artificial, são elaboradas. Em termos mais simples e sem aprofundar nas impressões técnicas a respeito, algoritmo pode ser entendido como uma sequência de instruções técnicas que determinará o que um dispositivo eletrônico (destacadamente, um computador) terá de fazer. Para maior visibilidade, algoritmo é um passo a passo técnico e sequencial com um ou mais comandos para o que o dispositivo eletrônico deverá fazer. Algoritmos podem ser programados, em que todas as etapas da sequência são previamente definidas por programação humana, e não programados, em que não há a programação do passo a passo, competindo aos próprios dispositivos eletrônicos desenvolvê-los com base nas informações inseridas (*input*) e resultados esperados (*output*)[5].

---

5 "Uma das melhores definições de algoritmo, até pela sua simplicidade, é a empregada por Pedro Domingos, segundo o qual: 'Algoritmo é uma sequência de instruções que vai dizer a um computador o que fazer'. Então, tem-se o input, que são os dados que entram no sistema. Esses dados são processados pelo algoritmo e um resultado sai nesse sistema, aquilo que se chama de output. Ou seja, os dados saem de um ponto inicial para chegar ao ponto final; e o algoritmo é justamente a sequência de coisas que precisam de acontecer, desse ponto inicial até esse ponto final. Os algoritmos podem ser divididos em dois tipos fundamentais: os programados e os não programados. Algoritmos programados são aqueles que têm todas as suas etapas da sua programação definidas pelo programador, que sabe exatamente os caminhos que a informação vai traçar quando ela entra no sistema até o momento em que ela sai do sistema. Esse tipo de algoritmo não nos interessa, porque, caso haja algum problema, ele poderá ser reconduzido à atividade do programador, que tem todo o controle da forma como eles operam. O que nos interessa é o segundo tipo de algoritmo, o dos algoritmos não programados. São os chamados learners, algoritmos que empregam *Machine Learning* (aprendizagem de máquinas). Em outras palavras, algoritmos que utilizam Inteligência Artificial (I.A.). Nesse caso, em vez de programar as etapas da

1.7 Blockchain

Blockchain, em tradução livre, traz a ideia de uma cadeia de blocos. Essa é a principal imagem de sua essência estrutural. *Blockchain* pode ser compreendido como uma rede descentralizada de terminais eletrônicos, na grande maioria computadores, distribuídos ao redor do mundo e interligados pela internet. É uma rede *peer-to-peer*, em que cada usuário de forma voluntária disponibiliza seu dispositivo em prol dessa malha descentralizada de dispositivos. A principal característica das redes *peer-to-peer* é a de que cada um dos dispositivos conectados nessa rede descentralizada é ao mesmo tempo um cliente ou receptor da informação como um servidor da rede.

Cada dispositivo, portanto, exerce essa dupla função. Difere da rede mais comum em que há um servidor concentrando a emissão da informação e todos os demais dispositivos a ele conectados apenas funcionam como clientes ou receptores dessa informação ou mensagem eletrônica[6]. Cada dispositivo representa, portanto, a imagem

operação do algoritmo, 'carrega-se' nele a informação (*input*), bem como o resultado desejado (*output*), e o algoritmo fica encarregado de descobrir como sair da informação e chegar ao output, o que faz por tentativa e erro. Quando o algoritmo chega ao resultado desejado, reforça aquele caminho – o caminho mais assertivo – na conta matemática que emprega. E, assim, através dessas operações, o algoritmo vai ajustando as suas variáveis, e faz aquilo que conhecemos como 'se programar' – ou criar a própria programação." (FERRARI, Isabela [coord.] *Justiça digital*, São Paulo: Thomson Reuters, 2020, Edição Kindle, p. 72-73).

6 "A blockchain is a distributed computing architecture where a computer is called a node if they are participating in the blockchain network. Every node has full knowledge of all the transactions that have occurred, information is shared. Transactions are grouped into blocks that are successively added to the distributed database. Only one block at a time can be added, and for a new block to be added it has to contain a mathematical proof that verifies that it follows in sequence from the previous block. The blocks are thus connected to each other in a chronological order." (BERGQUIST, Jonatan H. *Blockchain technology and smart contracts*: Privacy-preserving tools. 2017. 62 f.

de um *nó* ou um ponto de interesecção dessa rede[7]. As informações ficarão salvas de forma descentralizada e integral em cada terminal conectado na rede. Em outras palavras, os arquivos ou movimentações *on-line* feitas ficarão resgistradas em toda a rede. Isso significa, em termos práticos, que qualquer terminal integrante do *blockchain* (computador, dispositivo eletrônico ou estrutura computacional) tem uma cópia integral das informações (arquivo, transações etc.) e pode acessá-las imediatamente. Além disso, cada um dos termi-

---

Dissertação (Mestrado), Uppsala Universitet, Uppsala, 2017, p. 11. Disponível em: http://uu.diva-portal.org/smash/get/diva2:1107612/FULLTEXT01.pdf. Acesso em: 26-9-2021).

7 "By the turn of the twenty-first century, new models for delivering on-line services had emerged. Instead of relying on a centralized server, parties began experimenting with peer-to-peer (P2P) networks, which relied on a decentralized infrastructure where each participant in the network (typically called a 'peer' or a 'node') acted as both a supplier and consumer of informational resources. This new model gained mainstream popularity, with the launch of Napster. By running Naspter's software, anyone could download music files from other users (acting as a client) while simultaneously serving music files to others (acting as a server). Using this approach, at its peak, Napster kitted together millions of computers across the globe, creating a massive music library. Napster's popularity, however, was short lived. Underlying the peer-to-peer network was centrally controlled, continually updated index of all music available on the network. This index directed members to the music files they wanted, acting as a linchpin for the entire network. Although necessary for the network's operation, this centralized index proved to be Napster's downfall. Following lawsuites against Napster, courts found it liable for secondary copyright infringement, in part because it mantained this index. Napster was forced do manage the files available to peers on the network more carefully, and it scrubbed its index of copyright-protected music. Once this was implemented, the popularity of Napster waned and its users dispersed. Following Napster's defeat, a second generation of peer-to-peer networks emerged, bringing file sharing to an even larger audience. New peer-to-peer networks, such as Gnutella and BitTorrent, enable people to share information about files located on their personal computers, without the need for centralized indices." (DE FILIPPI, Primavera; WRIGHT, Aaron. *Blockchain and the law*: the rule of code, Cambridge, Massachusetts: Harvard University Press, 2018, p. 17-18).

nais é responsável por validar ciberneticamente qualquer alteração informacional da rede, de tal modo que qualquer alteração precisa do consenso de toda a estrutura do *blockchain*. Funciona como uma grande livro-razão de registro eletrônico de informações[8].

A tecnologia tem muitas funcionalidades. Uma delas é a preservação probatória, que será tratado em item próprio. A outra, digna de nota neste primeiro capítulo, é o desenvolvimento dos chamados criptoativos, sendo a *Bitcoin* a mais famosa delas.

Inicialmente, é disponibilizada na rede descentralizada uma quantidade determinada de criptoativos por um processo conhecido como *Initial Coin Offer – ICO* onde é oferecida aos investidores uma quantidade de unidades de uma nova moeda com promessa de valorização. Com esse aporte inicial, a rede pode se desenvolver e os novos criptoativos se consolidarem. Além disso, inicialmente, é estabelecida uma quantidade fixa e máxima de unidades, gerando a escassez tecnológica que assegura sua valorização econômica. No caso da Bitcoin, por exemplo, foi prevista uma quantidade máxima de 21 milhões de bitcoins, montante que será alcançado com o tempo, de forma decrescente, isto é, a cada ano são criadas ou tecnicamente emitidas menos unidades.

Mas como são criadas essas unidades? Como dito acima, o *blockchain* se desenvolve de uma cadeia de blocos cuja informação do último e novo bloco é consolidada e validada a partir de todos os

8 "The blockchain is the public ledger of all Bitcoin transactions that ever been executed. It is constantly growing as miners add new blocks to it (every 10 minutes) to record the most recent transactions. The blocks ar added to the blockchain in a lienar, chronological order. Each ful node (i.e. every computer connected to the Bitcoin network using a cliente that performs the task of validating na relaying transactions) has a copy of the blockchain, which is downloadesd automatically when the miner joins the Bitcoin network." (SWAN, Melanie. *Blockchain*. Sebastopol: O'Reilly Media, Inc., 2015, Preface X).

dados de todos os blocos ou elos anteriores. Assim, basicamente e dentro do que parece pertinente nesse espaço, a cada criação de novo elo, com a validação tecnológica das informações da cadeia vão surgindo as novas unidades de criptoativos. Essa atividade de raciocínio informático que permite reconhecer as unidades de criptoativos já existentes na rede e que permite a partir dessas a criação de novas unidades dentro do limite esperado e previamente programado no início da cadeia de blocos é conhecida como *mineração*. Também nesse processo são validadas as transações das unidades de criptoativos já existentes, pelo processamento matemático profundamente complexo. Não há, portanto, uma autoridade central que controla a emissão, a transferência e validação das unidades (o que é uma das principais diferenças desse sistema para o sistema bancário tradicional)[9].

Mas como se negocia um criptoativo? Basicamente de duas formas: (i) diretamente entre os usuários; ou (ii) por meio das chamadas *exchanges* ou casas de câmbio.

No primeiro caso, o usuário está presente no *blockchain* e recebe uma chave privada para realizar a transação, chave essa que na transação e no registro do *blockchain* aparecerá na sua forma pública depois da transformação criptográfica como explicado acima. Desse modo, todos podem conferir que aquela transação foi de fato feito

---

9 "O que significa dizermos que 'a rede' verifica as transações e as reconcilia com o registro público? E como exatamente são criados e introduzidos novos bitcoins na oferta monetária? Como vimos, porque o Bitcoin é uma rede *peer-to-peer*, não há uma autoridade central encarregada nem de criar unidades monetárias nem de verificar as transações. Essa rede depende dos usuários que proveem a força computacional para realizar os registros e as reconciliações das transações. Esses usuários são chamados de 'mineradores', porque são recompensados pelo seu trabalho na medida que milhares de computadores dispersos resolvem problemas matemáticos complexos que verificam as transações no *blockchain*." (ULRICH, Fernando. *Bitcoin:* a moeda na era digital. São Paulo : Instituto Ludwig Von Mises Brasil, 2014, p. 19).

pelo usuário que detinha a unidade de criptoativo e que foi fidedigna, pois validada por todos os dispositivos da rede. Essa criptografia e a validação por todo sistema impede o chamado *gasto duplo* ou *double spending*, pois uma vez transacionada a unidade de A para B, isso fica definitivamente registrado, impedindo que A transacione para C ou D. A teria que alterar não só sua própria transação registrada no último bloco como todas as cópias dos blocos e da respectiva cadeia presentes em todos os dispositivos da rede. Isso assegura a confiabilidade do sistema e o valor do criptoativo.[10]

No segundo caso, as *exchanges* funcionam como empresas intermediárias entre os usuários que estão no *blockchain* e pessoas que não estão, mas querem adquirir ou vender suas unidades de criptoativos. Ou então a própria *exchange* pode estar no *blockchain*. Assim, quem não está na rede e não pode negociar diretamente, transfere valores em moeda de circulação (real, dólar, euro, entre outras) à *exchange*, tendo uma conta nessa empresa *como se um banco fosse*. A *exchange* então adquire a unidade de criptoativo e é vinculada à conta do cliente da *exchange*. A venda se dá no caminho inverso.

10 "As transações são verificadas, e o gasto duplo é prevenido, por meio de um uso inteligente da criptografia de chave pública. Tal mecanismo exige que a cada usuário sejam atribuídas duas 'chaves', uma privada, que é mantida em segredo, como uma senha, e outra pública, que pode ser compartilhada como todos. Quando Maria decide transferir bitcoins ao João, ela cria uma mensagem, chamada de 'transação', que contém a chave pública do João, assinando com sua chave privada. Olhando a chave pública de Maria, qualquer um pode verificar que a transação foi de fato assinada com sua chave privada, sendo, assim, uma troca autêntica, e que João é o novo proprietário dos fundos. A transação – e portanto uma transferência de propriedade de bitcoins – é registrada, carimbada com data e hora e exposta em um 'bloco' do *blockchain* (o grande banco de dados, ou livro-razão da rede Bitcoin). A criptografia de chave pública garante que todos os computadores na rede tenham um registro constantemente atualizado e *verificado* de todas as transações dentro da rede Bitcoin, o que impede o gasto duplo e qualquer tipo de fraude." (ULRICH, Fernando. op. cit., p. 18-19).

1.8 *Startups*

Outro fenômeno extremamente relevante da sociedade contemporânea são as chamadas *startups*. Este autor trabalha como muitas delas e pode garantir: é uma das atuações jurídicas mais gratificantes! São grupos de pessoas ou empresas em estágio inicial de estruturação, repletas de ideias inovadoras e encantadoras e que, por isso, precisam de um ambiente jurídico amadurecido e dedicado.

Recentemente, foi aprovada a Lei Complementar nº 182/2021 que instituiu o chamado Marco Legal das *Startups* – MLS e do empreendedorismo inovador, conforme seu art. 1º. Além disso, conforme parágrafo único, tal LC "I – estabelece os princípios e as diretrizes para a atuação da administração pública no âmbito da União, dos Estados, do Distrito Federal e dos Municípios; II – apresenta medidas de fomento ao ambiente de negócios e ao aumento da oferta de capital para investimento em empreendedorismo inovador; e III – disciplina a licitação e a contratação de soluções inovadoras pela administração pública.".

A partir desta lei, juridicamente, conforme seu art. 4º,

> São enquadradas como startups as organizações empresariais ou societárias, nascentes ou em operação recente, cuja atuação caracteriza-se pela inovação aplicada a modelo de negócios ou a produtos ou serviços ofertados. § 1º Para fins de aplicação desta Lei Complementar, são elegíveis para o enquadramento na modalidade de tratamento especial destinada ao fomento de startup o empresário individual, a empresa individual de responsabilidade limitada, as sociedades empresárias, as sociedades cooperativas e as sociedades simples: I – com receita bruta de até R$ 16.000.000,00 (dezesseis milhões de reais) no

> ano-calendário anterior ou de R$ 1.333.334,00 (um milhão, trezentos e trinta e três mil trezentos e trinta e quatro reais) multiplicado pelo número de meses de atividade no ano-calendário anterior, quando inferior a 12 (doze) meses, independentemente da forma societária adotada; II – com até 10 (dez) anos de inscrição no Cadastro Nacional da Pessoa Jurídica (CNPJ) da Secretaria Especial da Receita Federal do Brasil do Ministério da Economia; e III – que atendam a um dos seguintes requisitos, no mínimo: a) declaração em seu ato constitutivo ou alterador e utilização de modelos de negócios inovadores para a geração de produtos ou serviços, nos termos do inciso IV do *caput* do art. 2º da Lei nº 10.973, de 2 de dezembro de 2004; ou b) enquadramento no regime especial Inova Simples, nos termos do art. 65-A da Lei Complementar nº 123, de 14 de dezembro de 2006.

Em seu art. 2º, I, define o investidor-anjo de forma mais abrangente do que fazia a conhecida "Lei do Investidor-Anjo" (Lei Complementar nº 155/2016), como o "investidor que não é considerado sócio nem tem qualquer direito a gerência ou a voto na administração da empresa, não responde por qualquer obrigação da empresa e é remunerado por seus aportes;".

No inciso II do mesmo artigo, define o chamado ambiente regulatório experimental ou *sandbox regulatório* como o "conjunto de condições especiais simplificadas para que as pessoas jurídicas participantes possam receber autorização temporária dos órgãos ou das entidades com competência de regulamentação setorial para desenvolver modelos de negócios inovadores e testar técnicas e tecnologias experimentais, mediante o cumprimento de critérios e de limites previamente estabelecidos pelo órgão ou entidade reguladora e por meio de procedimento facilitado.". O *sandbox regulatório* é regulado, ainda, no art. 11, segundo o qual:

> "Os órgãos e as entidades da administração pública com competência de regulamentação setorial poderão, individualmente ou em colaboração, no âmbito de programas de ambiente regulatório experimental (*sandbox* regulatório), afastar a incidência de normas sob sua competência em relação à entidade regulada ou aos grupos de entidades reguladas. § 1º A colaboração a que se refere o *caput* deste artigo poderá ser firmada entre os órgãos e as entidades, observadas suas competências.
>
> § 2º Entende-se por ambiente regulatório experimental (sandbox regulatório) o disposto no inciso II do *caput* do art. 2º desta Lei Complementar. § 3º O órgão ou a entidade a que se refere o *caput* deste artigo disporá sobre o funcionamento do programa de ambiente regulatório experimental e estabelecerá: I – os critérios para seleção ou para qualificação do regulado; II – a duração e o alcance da suspensão da incidência das normas; e III – as normas abrangidas.".

No art. 3º, o MLS traz os princípios que orientam juridicamente a regulação de tais empresas:

> I – reconhecimento do empreendedorismo inovador como vetor de desenvolvimento econômico, social e ambiental; II – incentivo à constituição de ambientes favoráveis ao empreendedorismo inovador, com valorização da segurança jurídica e da liberdade con-

tratual como premissas para a promoção do investimento e do aumento da oferta de capital direcionado a iniciativas inovadoras; III – importância das empresas como agentes centrais do impulso inovador em contexto de livre mercado; IV – modernização do ambiente de negócios brasileiro, à luz dos modelos de negócios emergentes; V – fomento ao empreendedorismo inovador como meio de promoção da produtividade e da competitividade da economia brasileira e de geração de postos de trabalho qualificados; VI – aperfeiçoamento das políticas públicas e dos instrumentos de fomento ao empreendedorismo inovador; VII – promoção da cooperação e da interação entre os entes públicos, entre os setores público e privado e entre empresas, como relações fundamentais para a conformação de ecossistema de empreendedorismo inovador efetivo; VIII – incentivo à contratação, pela administração pública, de soluções inovadoras elaboradas ou desenvolvidas por startups, reconhecidos o papel do Estado no fomento à inovação e as potenciais oportunidades de economicidade, de benefício e de solução de problemas públicos com soluções inovadoras; e IX – promoção da competitividade das empresas brasileiras e da internacionalização e da atração de investimentos estrangeiros.

2 MARCO CIVIL DA INTERNET

Como uma das leis mais relevantes da relação Direito e tecnologias da informação e, portanto, do que podemos chamar de *Direito Digital*, é o Marco Civil da Internet – MCI, a Lei Federal nº 12.965/2014.

Como se verá no detalhe a lei é responsável por ser o principal texto normativo de regulação da internet que, como tratado anteriormente, é uma infraestrutura de ordem mundial. É o que diz seu art. 1º "Esta Lei estabelece princípios, garantias, direitos e deveres para o uso da internet no Brasil e determina as diretrizes para atuação da União, dos Estados, do Distrito Federal e dos Municípios em relação à matéria.".

Fala-se em principal texto, porque, considerando a utilização ampla da internet pela sociedade brasileira, aos fatos por meio dela praticados são aplicados todos os textos normativos do ordenamento brasileiro, destacando-se, por exemplo, o Código de Defesa do Consumidor, a Lei Geral de Proteção de Dados Pessoais – LGPD e o Código Penal.

2.1 Fundamentos do uso da internet no Brasil (art. 2º)

O art. 2º do Marco Civil da Internet traz os fundamentos que explicam e orientam a disciplina do uso da internet no Brasil, ou seja, as bases técnicas, filosóficas e jurídicas que explicam e informam a regulação da internet no Brasil. Essa afirmação da lei é categórica e deve ser respeitada por todos os profissionais que atuam com o tema. São pautas de busca constante.

Diz seu texto:

> Art. 2º A disciplina do uso da internet no Brasil tem como fundamento o respeito à liberdade de expres-

> são, bem como: I – o reconhecimento da escala mundial da rede; II – os direitos humanos, o desenvolvimento da personalidade e o exercício da cidadania em meios digitais; III – a pluralidade e a diversidade; IV – a abertura e a colaboração; V – a livre iniciativa, a livre concorrência e a defesa do consumidor; e VI – a finalidade social da rede.

O primeiro deles é o respeito à *liberdade de expressão* (*caput*). Reconhece, portanto, que a internet é também um mecanismo tecnológico por meio do qual a comunicação e a expressão das pessoas acontecem, como é visto com destaque nos serviços das mídias sociais.

Assim, a liberdade de expressão na internet deve ser respeitada de forma constante, orientando o desenvolvimento das funcionalidades de internet e dos marcos normativos, bem como a interpretação destes. Isso, porém, não significa, de forma alguma, a defesa da liberdade a todo custo, ignorando outros direitos que com ela devem conviver também nos espaços virtuais. O MCI propõe o respeito à liberdade de expressão em seu perfil constitucional, o que impede, por exemplo, o suo inescrupuloso de tal direito para a prática de crimes.

O segundo fundamento é o *reconhecimento da escala mundial da rede*, ou seja, da internet enquanto infraestrutura de presença e alcance mundial (inc. I). É assim que tal internet deve ser entendida, evitando regulações que proponham cerceamentos territoriais forçados, impedindo a pluralidade e aproximação dos povos, duas de suas maiores qualidades e potencialidades.

O terceiro fundamento é o respeito aos *direitos humanos* (inc. II). A rigor, isso nem precisava ser dito expressamente, sobretudo considerando a importância constitucional do tema. Mas fato é que reconhece o legislador a potencialidade negativa que o uso da internet pode ter, servindo para o desrespeito de direitos e como mecanismo de manobras em vetor não civilizatório. Qualquer prática ou uso da internet que viole um direito humano deve ser coibida, observando, sempre, o equilíbrio e as circunstâncias do caso concreto.

O quarto fundamento é o respeito ao *desenvolvimento da personalidade* (inc. II). O MCI reconhece a importância social e individual do uso da internet, entendendo sua potencialidade positiva e negativa em relação ao desenvolvimento da personalidade de cada um dos indivíduos que usam a tecnologia. Por exemplo, deve ser protegido com cuidado o desenvolvimento da personalidade de crianças e adolescentes com a proteção jurídica de cada uma dessas fases. O mesmo se diz, por outro viés, em relação à proteção de dados pessoais que, no fim do dia, como se verá em capítulo próprio, significa também proteger o desenvolvimento do indivíduo.

O mesmo inc. II ainda traz um quinto fundamento: *o exercício da cidadania em meios digitais*. Aqui é de se ressaltar o conceito jurídico de cidadania que não se confunde, como o uso popular do termo pode sugerir, com *voluntariado*. O tal fundamento tem por objetivo ressaltar que a internet deve ser desenvolvida e regulada também com a preocupação de como os indivíduos participam da formação e constituição de suas comunidades e se manifestam politicamente. O fundamento tem, por exemplo, importante sinergia com a regulação do Direito Eleitoral e o entendimento de como a democracia se desenvolve e se protege no uso da internet.

Como sexto e sétimo fundamentos, de forma autoexplicativa, tem-se a *pluralidade* e a *diversidade* (inc. III). O que o MCI propõe é a ideia de que o uso da internet e os ambientes virtuais por ela propostos devem ser espaços que promovam a pluralidade de ideias e preservem a diversidade, dois pilares extremamente caros ao desenvolvimento sadio da sociedade. Qualquer mecanismo ou uso em vetor contrário deve ser evitado.

Na sequência, traz os fundamentos da livre iniciativa, da livre concorrência e da defesa do consumidor (inc. V). São três fundamentos que poderiam estar separados em incisos próprios, mas a sua disposição conjunta parece reconhecer a relação que os três tem na regulação do exercício da atividade econômica no País, sobretudo em termos constitucionais.

A livre iniciativa constitui garantia constitucional que traduz uma das principais diretrizes liberais do Estado brasileiro. Prevista no art. 170, *caput*, da CF, é disciplina de orientação da ordem econômica brasileira. Em seu conteúdo, propõe que os agentes econômicos e os negócios não sofram intervenções injustificáveis. A intervenção ou a existência de ônus a serem respeitados no exercício das atividades não é vedado, o que se veda, inclusive na essência constitucional do preceito, são as intervenções infundadas, sem embasamento legal ou sem uma justificativa pautada em bem constitucionalmente tutelado.

Além da Constituição Federal, no País, a questão ganhou contornos ainda mais notórios diante da recente deliberação liberal do Poder Legislativo, com a promulgação da Lei da Liberdade Econômica (Lei nº 13.874/2019[11]). A lei instituiu a Declaração de Liberdade Econômica e traz outras disposições vocacionadas a concretizar, em plano infraconstitucional, a garantia da livre iniciativa. Com o novo marco legislativo, a livre iniciativa pode ser melhor compreendida e traduzida em termos práticos.

Em relação à livre concorrência, esse também é preceito primordial da estruturação da ordem econômica brasileira, conforme determinação do art. 170, IV, da CF. Propõe, na essência, a busca

11 Sobre o tema ver: THAMAY, Rennan; TAMER, Maurício; GARCIA JR., Vanderlei. *A liberdade econômica*: uma análise material e processual da Lei nº 13.874/2019, São Paulo: Thomson Reuters Brasil, 2020.

constante de um mercado ideal, marcado pela existência da livre concorrência, o que contribuiria, no modelo liberal, para o desenvolvimento das atividades econômicas, inclusive com um maior número de opções para o público consumidor. Nessa perspectiva, a internet e a interpretação da lei devem seguir a fim de preservar ao máximo a livre concorrência entre os agentes econômicos, como um vetor de sua promoção e não o contrário.

Ainda, há referência ainda à defesa do consumidor com fundamento. O MCI reconhece cada vez mais o uso da internet no âmbito das relações de consumo, atraindo a aplicação do CDC.

Por fim, o último fundamento trazido expressamente pelo MCI é a finalidade social da rede (inc. VI). Reconhece a lei, portanto, que o uso da internet e suas aplicabilidades devem ser guiadas para atender às finalidades sociais necessárias, sobretudo, por se tratar de mecanismo de amplo potencial de transformação nesse sentido se bem empregado e, se mal, de ampliação das desigualdades.

2.2 Princípios (art. 3º)

O art. 3º traz os princípios jurídicos que orientam a aplicação de seus preceitos, a interpretação de suas normas e que, ao final do dia, guiam o desenvolvimento do uso da internet no País.

Muitos são os conceitos que podem ser atribuídos aos princípios jurídicos. Em sua ampla maioria, tem o denominador comum de agregar a tais estruturas a força normativa vinculante dentro do seu perfil de interpretação e alcance. Dentre essas muitas acepções e sem exaurir o tema, podem ser citadas: (i) os princípios como estruturas que comportam uma série indefinida de aplicações (Jean Boulanger)[12]; (ii) os princípios como mandados de otimização que

12 BONAVIDES, Paulo. *Curso de direito constitucional*. 28. ed. atual., São Paulo: Malheiros, 2013, p. 298-299.

"ordenam que algo seja realizado na maior medida possível, dentro das possibilidades jurídicas e reais existentes" (Robert Alexy)[13]; (iii) os princípios como "preceitos constitucionais que englobam e sistematizam os principais e mais elementares direitos fundamentais a serem observados na realização e no desenrolar de todo e qualquer processo" (Nelson Nery Jr.)[14]; (iv) os princípios como mandamentos nucleares de um sistema (Celso Antônio Bandeira de Mello)[15]; e (v) os princípios como as verdades fundantes de um sistema de conhecimento, como "enunciações normativas de valor genérico, que condicionam e orientam a compreensão do ordenamento jurídico, que para sua aplicação e integração" (Miguel Reale)[16].

Somada a todos esses conceitos, uma proposta que parece agregar, além de completude, uma noção de desenvolvimento prático aos textos principiológicos é aquela trazida por Humberto Ávila em sua obra *Teoria dos Princípios*: da definição à aplicação dos princípios jurídicos[17]. Se tecer considerações mais aprofundadas sobre o tema, define o autor que os princípios seriam normas imediatamente finalísticas que, em vez de descrever condutas e consequências, estabelecem um *estado das coisas ou um fim juridicamente relevante a ser buscado e realizado mediante a adoção de determinados comportamentos*[18]. Parece que esse conceito se revela útil, justamente,

13 NERY JÚNIOR, Nelson. *Princípios do processo na Constituição Federal*: (processo civil, penal e administrativo), 11. ed. rev., ampl. e atual., São Paulo: Revista dos Tribunais, 2013, p. 29.

14 *Ibidem*, p. 39.

15 MELLO, Celso Antônio Bandeira de. *Curso de direito administrativo*, 30ª ed. rev. e atual., São Paulo: Malheiros Editores, 2013, p. 54.

16 REALE, Miguel. *Lições preliminares de direito*. 27. ed. ajustada ao novo código civil, São Paulo: Saraiva, 2007, p. 303-304.

17 ÁVILA, Humberto. *Teoria dos princípios da definição à aplicação dos princípios jurídicos*. 15. ed. rev., atual. e ampl., São Paulo: Malheiros, 2014.

18 *Ibidem*, p. 95-96.

porque, mais que a abstração, traz uma noção de movimento e de função pragmática de normas com esse perfil caracterizada pela determinação de algo a ser buscado em determinado sistema jurídico ou nos comportamentos. Resta, então, entender o conteúdo de determinado princípio como resposta à pergunta de *qual cenário ideal das coisas ele determina*, direcionando os comportamentos e interpretações a partir dessa premissa. Dito isso, resta saber quais são *os estados ideais* propostos pelo texto do MCI.

O primeiro deles (inc. I) é a garantia da liberdade de expressão, comunicação e manifestação de pensamento, nos termos da Constituição Federal. Na linha do já dito quando da análise dos fundamentos da regulação na internet, a liberdade de expressão, de comunicação e de manifestação de pensamento deve ser respeitada na internet, ressalvadas as violações constitucionais, como no caso do cometimento de crimes. Além disso, é importante dizer que a própria Constituição Federal veda o anonimato na manifestação do pensamento, justamente para que, nos casos em que se justifique, seja possível responsabilizar o manifestante por ato ilícito decorrente. Tal vedação ganha especiais contornos no MCI a partir da possibilidade de identificação dos usuários (art. 22), desde que feita uma avaliação cuidadosa de ilicitude.

O segundo e o terceiro princípios são o da proteção à privacidade e da proteção de dados na forma da lei (incs. II e III), temas que serão levados no detalhe quando da análise da LGPD nesta obra.

O quarto princípio é o da neutralidade da rede (inc. IV) que também é regulado pelo art. 9º do MCI e pelo Decreto Federal nº 8.771/2015 que o regulamenta. Na essência, o princípio da neutralidade da rede propõe um estado ideal das coisas em que é preservado o tratamento isonômico de todo e qualquer tráfego feito pela internet, sem qualquer discriminação, restrição ou interferência, independente de quem está conectado à rede, dos serviços utilizados, tipos de conteúdo etc. A ideia é preservar ao máximo a liberdade dos usuários da internet para que essa possa ter concretizadas todas as suas potencialidades positivas.

Em nível de detalhe, o art. 9º do MCI diz que: "Art. 9º O responsável pela transmissão, comutação ou roteamento tem o dever de tratar de forma isonômica quaisquer pacotes de dados, sem distinção por conteúdo, origem e destino, serviço, terminal ou aplicação.", permitindo a discriminação ou degradação do tráfego apenas se esta decorrer de "I – requisitos técnicos indispensáveis à prestação adequada dos serviços e aplicações; e II – priorização de serviços de emergência." (§1º). O referido decreto entra em nível de detalhe ainda maior, sinalizando que os descumprimentos da neutralidade são "medidas excepcionais, na medida em que somente poderão decorrer de requisitos técnicos indispensáveis à prestação adequada de serviços e aplicações ou da priorização de serviços de emergência, sendo necessário o cumprimento de todos os requisitos dispostos no art. 9º, § 2º, da Lei nº 12.965/2014".

Seguindo com os princípios, determina o MCI que deve ser preservada a "estabilidade, segurança e funcionalidade da rede, por meio de medidas técnicas compatíveis com os padrões internacionais e pelo estímulo ao uso de boas práticas" (inc. V). É princípio assim que guia a utilização da internet com os mais altos e necessários níveis de qualidade técnica.

No inc. VI, por sua vez, estabelece o princípio da responsabilização dos agentes de acordo com suas atividades, nos termos da lei. É princípio de equilíbrio e que sinaliza um recado claro do legislador e da norma: tudo na internet é permitido, desde que respeitado os demais direitos previstos no ordenamento jurídico.

Em síntese, são três agentes envolvidos na utilização jurídica, por assim dizer, da internet. Os provedores de conexão (empresas que fornecem a conexão aos terminais/usuários) e que por isso são responsáveis pela qualidade de tais serviços e não por qualquer conteúdo dos próprios usuários (art. 18 do MCI). Os provedores de aplicação (as empresas que fornecem qualquer funcionalidade na internet para usuários já conectados) e que são responsáveis pelos serviços que prestam (*v.g.* aplicação do CDC) e na dinâmica do art. 19 do MCI, adiante tratado. E os usuários que serão responsáveis por qualquer ilegalidade, de qualquer ordem, que cometam. Neste último caso, a internet é apenas e tão somente um novo meio ou instrumento da prática de atos ilícitos previstos em outros textos normativos.

No inc. VII, o MCI trata do princípio da natureza participativa da rede. A ideia é que a internet seja sempre vista como um espaço de encontro e de trocas de experiências contributivas e enriquecedoras para os usuários, contribuindo uns com os outros, e permitindo-os que utilizem de tal mecanismo para o seu melhor desenvolvimento.

Por fim, de forma categórica, o MCI traz o princípio da liberdade dos modelos de negócios promovidos pela internet (inc. VIII). Princípio este que é um irmão siamês do fundamento da livre iniciativa comentado no tópico anterior. Em suma, todo e qualquer negócio é permitido a partir do uso da internet, desde que o ordenamento jurídico seja respeitado. Ou seja, a avaliação jurídica de licitude do negócio, assim, não passa pela análise do que o MCI prevê apenas, mas do que todo ordenamento jurídico versa a respeito. Ausente qualquer impeditivo legal, o negócio sustentado pela internet é plenamente viável.

2.3 Objetivos (art. 4º)

Não bastassem os fundamentos e princípios, o MCI é ainda mais categórico em sinalizar os objetivos que o uso da internet e sua regulação devem perseguir (art. 4º).

Determina, dessa forma, que a disciplina do uso da internet no País tem por objetivo o direito de acesso à internet a todos (inc. I), o acesso à informação, ao conhecimento e à participação na vida cultural e na condução dos assuntos públicos (inc. II) – o que torna indesejadas e antijurídicas as *fake news* ou qualquer procedimento *on-line* de desinformação, a inovação e do fomento à ampla difusão de novas tecnologias e modelos de uso e acesso, e a adesão a padrões tecnológicos abertos que permitam a comunicação, a acessibilidade e a interoperabilidade entre aplicações e bases de dados.

2.4 Definições (art. 5º)

Seguindo a própria lógica de funcionamento da internet, inclusive comentada no primeiro capítulo, o MCI traz definições importantes para a aplicabilidade das suas normas no seu art. 5º.

Assim, define a internet como "o sistema constituído do conjunto de protocolos lógicos, estruturado em escala mundial para uso público e irrestrito, com a finalidade de possibilitar a comunicação de dados entre terminais por meio de diferentes redes" (inc. I). O terminal como o computador ou qualquer dispositivo que se conecta a essa infraestrutura (inc. II).

Como visto, para cada terminal, no instante de conexão à internet, é atribuído um endereço de protocolo de internet, ou seja, "o código atribuído a um terminal de uma rede para permitir sua identificação, definido segundo parâmetros internacionais" (inc. III). Esses endereços de protocolo são distribuídos mundial e nacionalmente, sendo o administrador de sistema autônomo, portanto, "a pessoa física ou jurídica que administra blocos de endereço IP específicos e o respectivo sistema autônomo de roteamento, devidamente cadastrada no ente nacional responsável pelo registro e distribuição de endereços IP geograficamente referentes ao País." (inc. IV).

A partir dessas definições é legalmente conceituado o próprio ato de conexão de internet como "a habilitação de um terminal para envio e recebimento de pacotes de dados pela internet, mediante a atribuição ou autenticação de um endereço IP" (inc. V) e os registros de conexão de internet como os conjuntos "de informações referentes à data e hora de início e término de uma conexão à internet, sua duração e o endereço IP utilizado pelo terminal para o envio e recebimento de pacotes de dados" (inc. VI).

Uma vez conectados, os terminais (com seus usuários) navegam e utilizam de toda e qualquer funcionalidade que se valha da infraestrutura da internet. A essas funcionalidades o MCI atribui a definição de aplicações de internet. É basicamente toda e qualquer coisa que o usuário possa fazer: e-mail, aplicativos de mensagens, sites de busca, *sites* de *e-commerce*, mídias sociais etc. Logo, diz o inc. VII: "aplicações de internet: o conjunto de funcionalidades que podem ser acessadas por meio de um terminal conectado à internet". Para cada acesso à funcionalidade e para qualquer coisa que por meio dela é feita são relacionadas informações referentes à data e hora de uso, as quais são consideradas pela lei como "registros de acesso a aplicações de internet: o conjunto de informações referentes à data e hora de uso de uma determinada aplicação de internet a partir de um determinado endereço IP." (inc. VIII).

Por fim, é importante a menção ao art. 6º que apenas reforça as melhores práticas de hermenêutica também em relação ao MCI, lembrando, sobretudo, que ele regula uma tecnologia da informação. Diz o esperado: "Na interpretação desta Lei serão levados em conta, além dos fundamentos, princípios e objetivos previstos, a natureza da internet, seus usos e costumes particulares e sua importância para a promoção do desenvolvimento humano, econômico, social e cultural.".

2.5 Direitos e garantias dos usuários de internet (art. 7º)

Pensando nos usuários da rede mundial de computadores e sobretudo em circunstâncias que podem denotar uma possível vulnerabilidade, o MCI estabelece um rol de direitos e garantias a serem observados. São direitos que não absolutos e devem ser observados em conjunto.

Assegura a inviolabilidade da intimidade e da privacidade, incluindo a possibilidade de indenização por dano material ou moral decorrente do descumprimento (inc. I). Determina, assim, que aos usuários de internet é garantida a preservação de sua intimidade e privacidade enquanto usam dos serviços dela propostos, em especial, porque a proteção de tais direitos é necessária para o desenvolvimento da personalidade do indivíduo e para que possa ter segurança comportamental no uso da ferramenta. Isso significa autorização para ilegalidades? Não. Como se verá abaixo e adiante, no caso de ilícitos, mediante avaliação judicial, a privacidade pode ser afastada pontualmente para fins de identificação e responsabilização. Ainda sobre privacidade, serão trazidas considerações mais pertinentes quando do estudo da LGPD.

Nos incs. II e III, o MCI garante o sigilo de fluxo de comunicações dos usuários e das comunicações que, embora não em fluxo ou trânsito, sejam privadas e armazenadas. São direitos absolutamente necessários à preservação da privacidade, a fim de evitar a intromissão estatal ou privada na vida alheia. O uso profícuo da internet e o desenvolvimento humano, bem como os fundamentos, princípios e objetivos o MCI, dependem dessa proteção. Mais uma vez, por ordem judicial lícita, tais sigilos podem ser afastados concretamente.

No inc. IV, pensando na importância que a internet reconhecidamente tem para os usuários, assegura a estes o direito à não suspensão da conexão à internet, salvo por débito diretamente decorrente do uso do serviço. É o caso do usuário que não paga os valores devidos à sua operadora de internet. Por *não suspensão da conexão à internet*, deve se entender pela *manutenção da habilitação do terminal usado pelo usuário à internet* pelo tempo que este desejar. Salvo a referida situação de débito, nenhuma outra situação autoriza, nem mesmo a prática de ilícitos, a suspensão da conexão do usuário.

Na mesma linha, no inc. V, assegura-se a manutenção da qualidade da conexão à internet contratada. Ou seja, é garantia de qualquer usuário, verdadeiros consumidores dos serviços das operadoras de internet, o respeito contínuo aos padrões de conexão contratados, o que inclui, por exemplo, velocidade de *download* e de *upload*, e mesmo a quantidade de dados que podem ser utilizados pelo pacote contratado.

Na realidade, os incs. IV e V apenas lembram que os contratos de serviço de conexão precisam ser respeitados em sua integralidade. O usuário paga corretamente os valores contratados e a empresa de conexão mantém os padrões de qualidade avençados.

O inc. VI tem íntima relação com o direito à informação reconhecido no art. 6º do CDC, lembrando que esta lei inspira toda e qualquer experiência normativa brasileira. Assim, assegura aos usuários "informações claras e completas constantes dos contratos de prestação de serviços, com detalhamento sobre o regime de proteção aos registros de conexão e aos registros de acesso a aplicações de internet, bem como sobre práticas de gerenciamento da rede que possam afetar sua qualidade.".

Já os incs. VII a X, por sua vez, são relacionados à proteção de dados pessoais dos usuários, hoje regulada em detalhe pela LGPD como se tratará. O inc. VII trata do consentimento, sinalizando ser direito do usuário o "não fornecimento a terceiros de seus dados pessoais, inclusive registros de conexão, e de acesso a aplicações de internet, salvo mediante consentimento livre, expresso e informado ou nas hipóteses previstas em lei.". O inc. IX também trata do consentimento, dizendo que o usuário de internet tem direito ao "consentimento expresso sobre coleta, uso, armazenamento e tratamento de dados pessoais, que deverá ocorrer de forma destacada das demais cláusulas contratuais.". Esse tema foi muito amadurecido pela LGPD, não só porque o consentimento é apenas uma das bases legais que autorizam o tratamento dos dados pessoais, como também a qualidade desse consentimento é diferente. Em relação ao tratamento de dados pessoais na internet e em que pese entendimentos contrários, deve se seguir aquilo que a LGPD dispõe.

Situação parecida é o que prevê o inc. VIII do MCI, segundo o qual são direito do usuário "informações claras e completas sobre coleta, uso, armazenamento, tratamento e proteção de seus dados pessoais, que somente poderão ser utilizados para finalidades que: a) justifiquem sua coleta; b) não sejam vedadas pela legislação; e c) estejam especificadas nos contratos de prestação de serviços ou em termos de uso de aplicações de internet.". Aqui, embora não haja propriamente uma revogação do dispositivo pela LGPD, fato é que tal lei trata no detalhe o tema da finalidade do tratamento de dados pessoais e da respectiva transparência.

Ainda, o inc. X, de redação dada pela própria LGPD e, assim, concordante com o texto desta, estabelece que é direito do usuário a "exclusão definitiva dos dados pessoais que tiver fornecido a determinada aplicação de internet, a seu requerimento, ao término da relação entre as partes, ressalvadas as hipóteses de guarda obrigatória de registros previstas nesta Lei e na que dispõe sobre a proteção de dados pessoais.".

Nos três incisos finais, assegura a lei a "publicidade e clareza de eventuais políticas de uso dos provedores de conexão à internet e de aplicações de internet;" (inc. XI), a "acessibilidade, consideradas as características físico-motoras, perceptivas, sensoriais, intelectuais e mentais do usuário, nos termos da lei;" (inc. XII) e a esperada e coerente "aplicação das normas de proteção e defesa do consumidor nas relações de consumo realizadas na internet." (inc. XIII).

2.6 Proteção dos registros eletrônicos e dados cadastrais (art. 10)

Como visto no item sobre as definições, os registros eletrônicos podem ser entendidos como o conjunto de informações referentes à data e hora de início e término de uma conexão à internet, sua duração e o endereço IP utilizado pelo terminal para o envio e recebimento de pacotes de dados (no caso dos registros eletrônicos associados à conexão) e o conjunto de informações referentes à data e hora de uso de uma determinada aplicação de internet a partir de um determinado endereço IP (no caso de aplicação ou funcionalidade da internet).

Repare que eles são informações, *a prori*, fidedignas e confiáveis sobre a conexão utilizada pelo usuário por revelam de onde partiu sua conexão à internet para a utilização desta de forma lícita ou ilícita. Fala-se *a priori* porque são reconhecidos os métodos de anonimização ou ocultação de conexões verdadeiras, como no caso de ferramentas *proxy* em que se mascara endereço verdadeiro a partir da utilização de um endereço simulado.

Tais registros eletrônicos são técnicos e, fora esses métodos igualmente técnicos de mascaramento, refletem a verdadeira conexão do usuário e este não tem gestão ou controle. Diferem, portanto, dos chamados *dados cadastrais* que são os dados fornecidos livremente pelos usuários para utilização de serviços de internet, como em mídias sociais ou e-mails. Com raríssimas exceções, não há a conferência desses dados, o que gera uma fragilidade probatória da identificação de usuários pela utilização ou preenchimento de dados *frios* e resulta em uma menor preocupação do MCI em relação ao controle da privacidade dessas informações.

Feitas essas considerações iniciais, o MCI preconiza, de forma alinhada com seus fundamentos e princípios, a privacidade de todos esses dados, justamente porque, a partir deles, é possível identificar os usuários e por em risco os muitos direitos destes.

É por isso que no seu art. 10, *caput*, determina que: "Art. 10. A guarda e a disponibilização dos registros de conexão e de acesso a aplicações de internet de que trata esta Lei, bem como de dados pessoais e do conteúdo de comunicações privadas, devem atender à preservação da intimidade, da vida privada, da honra e da imagem das partes direta ou indiretamente envolvidas.".

Além disso, condiciona a obtenção dos registros eletrônicos à ordem judicial legal. Estabelecendo verdadeira cláusula de reserva de jurisdição estatal, sendo esta a única capaz, no regime brasileiro, de fazer a verificação se os pressupostos de afastamento concreto da privacidade estão presentes.

Assim, diz o §1º do art. 10 que "O provedor responsável pela guarda somente será obrigado a disponibilizar os registros mencionados no *caput*, de forma autônoma ou associados a dados pessoais ou a outras informações que possam contribuir para a identificação do usuário ou do terminal, mediante ordem judicial, na forma do disposto na Seção IV deste Capítulo, respeitado o disposto no art. 7º".

Faz o mesmo em relação ao conteúdo das comunicações privadas nas situações em que o ordenamento jurídico permitir seu fornecimento: "O conteúdo das comunicações privadas somente poderá ser disponibilizado mediante ordem judicial, nas hipóteses e na forma que a lei estabelecer, respeitado o disposto nos incisos II e III do art. 7º." (art. 10, § 2º).

Em relação aos dados cadastrais, considerando a *menor precisão de tais dados*, por assim dizer, o que leva a um menor risco à privacidade, o MCI abre exceção às autoridades administrativas com competência legal e autoriza que essas obtenham dados cadastrais diretamente e sem ordem judicial. Diz o § 3º do art. 10: "§ 3º O disposto no *caput* não impede o acesso aos dados cadastrais que informem qualificação pessoal, filiação e endereço, na forma da lei, pelas autoridades administrativas que detenham competência legal para a sua requisição.".

É o que pode fazer, portanto, a Polícia Judiciária e o Ministério Público no âmbito dos seus procedimentos. Valendo mais uma vez o alerta de que, endereço de IP apenas pode ser fornecido com ordem judicial sob pena de violação da privacidade legal.

Assim, em resumo conclusivo: (i) endereço de IP, data e hora (fuso horário) de conexão ou acesso a aplicações apenas com ordem judicial; e (ii) dados cadastrais podem ser requisitados sem ordem judicial apenas por autoridades administrativas com competência legal e em nenhuma hipótese pelo particular.

2.7 Aplicabilidade territorial (art. 11)

Segundo seu art. 11, a legislação brasileira e especialmente o MCI é aplicável "em qualquer operação de coleta, armazenamento, guarda e tratamento de registros, de dados pessoais ou de comunicações por provedores de conexão e de aplicações de internet em que pelo menos um desses atos ocorra em território nacional".

Reconhecendo a escala mundial da internet e a possibilidade de prestação de serviços por empresas estrangeiras a usuários brasileiros, o MCI determina que essa regra se aplica aos dados coletados em território nacional e ao conteúdo das comunicações "desde que pelo menos um dos terminais esteja localizado no Brasil." (§ 1º) e se aplica mesmo se a pessoa jurídica seja sediada no exterior, "desde que oferte serviço ao público brasileiro ou pelo menos uma integrante do mesmo grupo econômico possua estabelecimento no Brasil." (§ 2º).

2.8 Responsabilidade por danos decorrentes de conteúdo gerado por terceiros e a possibilidade de indisponibilização de conteúdo (arts. 18 a 21)

O tema da responsabilidade por danos decorrentes de conteúdo gerado por terceiros é, certamente, um dos que mais gera discussões, em especial em razão do uso cada vez mais crescente das mídias sociais.

Temas como limites da liberdade de expressão, discursos de ódio, práticas de crimes e alcance da liberdade de contratar dos provedores estão diretamente associados a esse ponto e cuja profundidade de debate, com certeza, excede o escopo da presente obra e coleção. Parte dos temas é discutida inclusive no Congresso Nacional por meio do Projeto de Lei nº 2.630/2020 que propõe a instituição da Lei Brasileira de Liberdade, Responsabilidade e Transparência na Internet. O art. 19, a seguir mencionado, inclusive, é alvo de dois Recursos Extraordinários (nº 1.037.396 e nº 1.057.258) em que sua constitucionalidade segue sendo debatida junto ao Supremo Tribunal Federal.

O MCI se dedica a essa disciplina em seus arts. 18 a 21 que regulam as situações em que os provedores de conexão e aplicação podem ou não ser responsabilizados por aquilo que os usuários fizerem por meio de seus serviços. Ou seja, seguindo a lógica de responsabilidade civil, há uma conduta do usuário na internet (terceiro) e um dano que provocado por essa conduta (nexo de causalidade e dano). O MCI traz, assim, diretrizes sobre como e em que situações as empresas que atuam na internet podem ser responsabilizadas por condutas que não praticaram diretamente, mas que foram, de alguma forma, viabilizadas por seus serviços.

O art. 18 disciplina de forma clara que o provedor de conexão de internet não será responsável civilmente por danos decorrentes de conteúdo gerado por terceiros. O texto é de obviedade lógica e técnica. A empresa de conexão apenas e tão somente fornece o serviço de habilitação do terminal (usuário) à infraestrutura da internet, não podendo ser responsabilizada por aquilo que o usuário faz ou mesmo pelos serviços ou funcionalidades disponibilizadas pelas empresas de aplicações.

Diferentemente, o art. 19 versa sobre a responsabilidade dos provedores de aplicações. Diz que esses só serão responsabilizados por danos gerados por terceiros por meio de seus serviços, se "se, após ordem judicial específica, não tomar as providências para, no âmbito e nos limites técnicos do seu serviço e dentro do prazo assinalado, tornar indisponível o conteúdo apontado como infringente, ressalvadas as disposições legais em contrário.".

Ou seja, a responsabilidade só surge, como regra geral, após o descumprimento injustificado ou ilegal de ordem judicial específica que determine a indisponibilização do conteúdo causador do dano. Isso para "assegurar a liberdade de expressão e impedir a censura" (art. 19 do MCI). Os provedores de aplicação, assim, como regra legal, não têm o dever de monitorar ou controlar previamente os conteúdos produzidos pelos usuários de seus serviços.

Além da necessária cláusula de reserva de jurisdição estatal na avaliação da ilicitude do conteúdo, o MCI traz outra regra geral condicionante à responsabilização do provedor: a ordem judicial específica em relação ao conteúdo, entendida essa como aquela que contem "a identificação clara e específica do conteúdo apontado como infringente, que permita a localização inequívoca do material." (art. 19, § 1º). Tal requisito é preenchido pela identificação inequívoca da URL do conteúdo ilícito (*Uniform Resource Locator*), ou seja, o endereço de internet que viabiliza, para a empresa provedora, a identificação inequívoca do conteúdo violador.

O art. 21, porém, traz exceções a essa dinâmica que se justificam por si. Diz:

> O provedor de aplicações de internet que disponibilize conteúdo gerado por terceiros será responsabilizado subsidiariamente pela violação da intimidade decorrente da divulgação, sem autorização de seus participantes, de imagens, de vídeos ou de outros materiais contendo cenas de nudez ou de atos sexuais de caráter privado quando, após o recebimento de notificação pelo participante ou seu representante legal, deixar de promover, de forma diligente, no âmbito e nos limites técnicos do seu serviço, a indisponibilização desse conteúdo.

Assim, no caso de conteúdo que represente a violação da intimidade decorrente da divulgação de imagens, de vídeos ou de outros materiais contendo cenas de nudez ou de atos sexuais de caráter privado, sem autorização de seus participantes, a ordem judicial é dispensada, podendo o provedor ser responsável subsidiariamente, desde que receba notificação do próprio participante ou de seu responsável legal e deixe de ser diligente na indisponibilização do conteúdo conforme a pertinência técnica da situação. A necessidade de demonstração da URL continua sendo necessária pois sem ela não é possível individualizar o conteúdo ilícito.

Por fim, resta observar que tanto o art. 19 quanto o art. 21 trazem hipóteses legais de indisponibilização do conteúdo, o primeiro via ordem judicial e o segundo por meio, apenas, de notificação extrajudicial. Pode a parte interessada, assim, valer-se de tais dispositivos para tentar fazer cessar o conteúdo que viole seus direitos.

Porém, essa dinâmica não retira dos provedores de aplicação, dentro da liberdade de contratar por meio de seus termos e políticas com os usuários de seus serviços, a possibilidade de indisponibilizar conteúdos que violem tais documentos. Mais uma vez, lembra-se que é tema de debate profundo e que tem sido cada vez mais amadurecido no Congresso Nacional, no Poder Judiciário e na Academia.

2.9 Identificação de usuário responsável pela prática de ilícito por meio da internet (art. 22)

Um outro tema digno de nota sobre o MCI é o estudo da guarda e fornecimento de informações pelos provedores de internet nas situações em que essas são necessárias para a identificação de usuários responsáveis por ilícitos que se aproveitam de tal infraestrutura.

Por meio da obtenção de tais informações há a obtenção do resultado prova do fato praticado no meio digital. Especialmente, a obtenção de informações eletrônicas que os provedores de internet possuem é relevante para a demonstração da autenticidade do fato e da prova, ou seja, são imprescindíveis para certificar quem é o autor do fato. É medida probatória acessória a fim de viabilizar a identificação de usuários de internet.

Nesse sentido, o MCI determina que os provedores de internet devem guardar as informações que possuem em relação à utilização de seus serviços. No caso dos provedores de aplicação, 6 (seis) meses (art. 15). No caso dos provedores de conexão, 1 (um) ano (art. 13). Trata-se de prazo decadencial, pois há obrigação legal de guarda e de fornecimento das informações pelos provedores durante esses períodos.

Os provedores de aplicação guardam com si os registros de acesso a aplicações de internet, ou seja, "o conjunto de informações referentes à data e hora de uso de uma determinada aplicação de internet a partir de um determinado endereço IP." (art. 5º, VIII, do MCI). São as informações relacionadas à conexão utilizada para o uso da aplicação ou funcionalidade, os endereços IP, data e hora (inclusive fuso horário). Assim, por exemplo, o provedor de aplicação, se lhe indicada determinada postagem, consegue fornecer as informações do endereço de IP, data e hora utilizado para fazê-la. A partir dessas informações é possível identificar os provedores de conexão atrelados ao acesso à internet utilizado.

Os provedores de conexão, por sua vez, guardam com si os registros de conexão, ou seja, "o conjunto de informações referentes à data e hora de início e término de uma conexão à internet, sua duração e o endereço IP utilizado pelo terminal para o envio e recebimento de pacotes de dados" (art. 5º, VI, do MCI) e os dados cadastrais fornecidos pela pessoa jurídica ou física quando da contratação dos serviços de conexão. Quer dizer, as informações sobre quem acessou à internet, por meio dos seus serviços, em determinada data e hora, e as informações do contratante dos serviços de conexão.

Com relação às empresas de telefonia, se essas prestarem serviços de internet móvel, são categorizadas como provedores de internet, como referido. Se o fato estiver associado à prestação dos serviços de telefonia em si, as empresas também devem contribuir com a identificação do usuário, conforme sinaliza a Agência Nacional de Telecomunicações – ANATEL.

No uso da estrutura da internet para a prática de qualquer fato (v.g. utilização de e-mails, mídias sociais, práticas fraudulentas, compras, envio de mensagens etc.), o usuário deverá primeiro utilizar do serviço de um provedor de conexão, conectando-se à internet. Após, passará a acessar às funcionalidades que lhe estão disponíveis na internet, e, por meio dessas funcionalidades, praticará o fato digital cuja autenticidade precisará ser demonstrada, *v.g.* enviará e receberá e-mails, fará uma postagem ou criará um perfil ou página em mídia social, enviará mensagens por aplicativos, disponibilizará conteúdos, criará páginas de internet etc. Esse é, por assim dizer, o passo a passo de ida para realização do fato digital na internet: usuário, provedor de conexão, provedor de aplicação e, por fim, realização do fato.

Nessa perspectiva, a identificação da autoria ou a certificação da autenticidade do fato digital na internet, dependerá da realização e do caminho ou passo a passo de volta e da obtenção das respectivas informações, o que será desenvolvido em cinco fases: (i) identificação e preservação do fato na internet; (ii) identificação do provedor de aplicação utilizado (*v.g.* de *e-mail*, de hospedagem, de mídia social etc.); (iii) obtenção das informações junto ao provedor de aplicação; (iv) identificação do provedor de conexão utilizado (*v.g.* empresas que fornecem internet banda larga para residências ou endereços comerciais ou empresas de telefonia que fornecem serviços de internet móvel); e (v) obtenção das informações junto ao provedor de conexão. Nem sempre todas essas fases serão necessárias. Pode ser, por exemplo, que o provedor de conexão possa ser diretamente identificado, como nos casos de recebimento de e-mail, em que é possível a identificação do IP de conexão no cabeçalho técnico da mensagem eletrônica.

O MCI traz as regras específicas de como esse passo a passo de volta para a identificação do autor do fato, sobretudo a fim de preservar a privacidade dos usuários de internet. As principais delas: (i) a existência de indícios de ilícito; (ii) a identificação precisa do conteúdo fático; e (iii) a cláusula de reserva da jurisdição, ou seja, a necessária obtenção de ordem judicial que determine o fornecimento das informações.

Assim, diz seu art. 22 que

> A parte interessada poderá, com o propósito de formar conjunto probatório em processo judicial cível

> ou penal, em caráter incidental ou autônomo, requerer ao juiz que ordene ao responsável pela guarda o fornecimento de registros de conexão ou de registros de acesso a aplicações de internet. Parágrafo único. Sem prejuízo dos demais requisitos legais, o requerimento deverá conter, sob pena de inadmissibilidade: I - fundados indícios da ocorrência do ilícito; II - justificativa motivada da utilidade dos registros solicitados para fins de investigação ou instrução probatória; e III - período ao qual se referem os registros.

Logo, para obtenção das informações e quebra pontual da privacidade do usuário, é necessário que haja uma ilicitude provável, a utilidade das informações pedidas e a indicação do período relacionado, justamente para se saber se está dentro dos prazos decadenciais indicados: 6 (seis) meses ou 1 (um) ano. São os requisitos que a parte precisa demonstrar e os requisitos que órgão judicial irá avaliar, dado que, como visto, anteriormente, a obtenção desses registros depende necessariamente de ordem judicial específica (art. 10).

3 LEI GERAL DE PROTEÇÃO DE DADOS PESSOAIS - LGPD

A Lei Geral de Proteção de Dados Pessoais – LGPD (Lei Federal nº 13.709/2018), como se tem muitos objetivos. Reunidos, representam e condensam uma finalidade protetiva maior do marco legal: proteger os direitos fundamentais de liberdade, de privacidade e o livre desenvolvimento da personalidade da pessoa natural.

O que faz a LGPD é reconhecer a existência de práticas e rotinas há muito tempo realizadas e que se valem do tratamento de dados pessoais. Ou seja, de operações com dados a partir dos quais pessoas naturais são identificadas direta ou indiretamente e, por isso, geram risco à privacidade e ao desenvolvimento da personalidade. Práticas e rotinas identificadas no plano fático e que agora passam a compor e circunscrever relações jurídicas.

Suas disposições, assim, trazem parâmetros jurídicos a serem observados nessa mesma relação. Definem quais parâmetros e como a observância desses deve ocorrer na prática. As disposições da lei também apresentam os porquês que tais parâmetros devem ser respeitados (fundamentos), quem deve respeitá-los (aplicabilidade territorial e material da lei e agentes de tratamento), as consequências de não observância e a quem compete a regulamentação adicional à lei e a fiscalização de suas disposições.

É texto que se apresenta com começo, meio e fim, com quase a totalidade das lógicas jurídicas necessárias para um marco regulamentador que se propõe efetivo e não meramente vigente e eficaz.

3.1 Objetivo da LGPD (art. 1º)

A LGPD tem um objeto de regulação específico: o tratamento de dados pessoais. Ou seja, seguindo suas próprias definições, postas em seu art. 5º, tem por objetivo regular "toda operação realizada com dados pessoais", quer dizer, toda operação realizada com dados que dele se extraiam uma "informação relacionada a pessoa natural identificada ou identificável" (inc. I).

No seu art. 1º, traz seu objetivo: "Art. 1º Esta Lei dispõe sobre o tratamento de dados pessoais, inclusive nos meios digitais, por pessoa natural ou por pessoa jurídica de direito público ou privado, com o objetivo de proteger os direitos fundamentais de liberdade e de privacidade e o livre desenvolvimento da personalidade da pessoa natural.".

Inicialmente, objetiva proteger a liberdade. O direito fundamental de liberdade além de ser reconhecido nessa condição na Constituição Federal e em outros documentos jurídicos relevantes no País, também é reconhecido nos textos que versam sobre a matéria de proteção de dados pessoais. Muitas são suas vertentes e possibilidades de conteúdo (*v.g.* liberdade democrática, liberdade de pensamento, de expressão, de consciência, religiosa, do exercício de trabalho, de locomoção e, até mesmo as liberdades de contratar e contratual).

O direito fundamental de liberdade que a LGPD visa resguardar tem, em seu conteúdo, todas essas noções. Porém, o objeto de proteção e de eficácia da lei se dá em contexto específico, qual seja, o de tratamento de dados pessoais.

Objetiva a LGPD, portanto, a proteção das liberdades do indivíduo nas situações em que seus dados pessoais são tratados, de forma automatizada ou não, de forma digital ou não. Essa lógica, em âmbito privado, lembra e dialoga com a eficácia *horizontal* dos direitos fundamentais, segundo a qual esses devem ser preservados não só na relação *vertical* entre Estado e indivíduos, mas também nas relações particulares que esses desenvolvem entre si.

A liberdade, enquanto objetivo, se manifesta em dois vieses principais na LGPD. Garantir a chamada *liberdade negativa*, impedindo que, por meio do tratamento de dados, haja a indevida ingerência na esfera de escolha do indivíduo e garantir a chamada *liberdade positiva* permitindo que o indivíduo (titular de dados pessoais) tenha o controle sobre os dados que o identificam e com isso o controle de sua esfera privada.

O direito fundamental de liberdade é objeto de proteção em si, mas também figura como objeto de proteção enquanto instrumento meio de garantia ou potencialização da privacidade e do desenvolvimento da personalidade.

Toda e qualquer situação de discussão sobre ingerência potencialmente indevida na esfera do titular de dados pessoais pode servir de exemplo da liberdade negativa.

Não pode o tratamento de dados ser utilizado, por exemplo, para controlar a liberdade de manifestação ou de expressão dos indivíduos. Imagine, se determinado provedor de mídia social, a partir da análise automatizada dos dados e manifestações, entendesse por impedir que determinado usuário se registrasse em sua plataforma, impedindo-o da participação dos debates públicos. Ou mesmo no caso em que, em período eleitoral, o tratamento de dados servir para impedir o acesso a conteúdo de determinado candidato, limitando o exercício da liberdade democrática.

É igualmente juridicamente questionável, por exemplo, o tratamento automatizado de dados, por meio de algoritmos, que resulte em impedimentos no exercício de determinado trabalho ou mesmo em demissões sem fundamento. A depender das circunstâncias, poderia caracterizar ingerência indevida na liberdade de trabalho.

Por outro lado, toda e qualquer situação de discussão sobre o quanto o titular de dados pessoais está ou tem de estar no controle dessas informações serve de exemplo, agora sob o viés da liberdade positiva.

Essa é uma das razões pelas quais a LGPD assegura os princípios do livre acesso aos dados tratados e da transparência (art. 6º, IV e VI), para que os titulares de dados pessoais possam ter consciência sobre como o tratamento de dados pessoais e por quais razões. No mesmo sentido, parecem ser as disposições expressas dos direitos dos titulares desenhadas nos arts. 9º e 18. Toda a estrutura positiva de transparência e dos direitos dos titulares parece ter essa função principal de permitir-lhes o máximo e possível controle sobre seus dados pessoais.

O ideal de liberdade positiva também se apresenta no ecossistema das chamadas bases legais de tratamento de dados, ou seja, os porquês ou motivações legais que autorizam, na LGPD, o tratamento de dados pelo agente. Dependem do objeto de tratamento (dados pessoais não sensíveis, dados pessoais sensíveis, dados pessoais de crianças ou adolescentes) ou do perfil do agente de tratamento (particular ou Poder Público). O racional é simples: para cada operação de tratamento de dados pessoais é necessário identificar uma base legal que a autorize, inclusive, entre elas, o próprio consentimento do titular de dados pessoais.

Em segundo lugar, objetiva proteger a privacidade. Reforça, em plano infraconstitucional e em um dos seus aspectos (proteção de dados pessoais), o direito fundamental da privacidade.

Previsto nos documentos jurídicos históricos, parte deles já mencionados nos comentários anteriores, o direito à privacidade goza da condição de direito fundamental, destacando o previsto no art. 5º, X, da CF, a partir da ideia de "inviolabilidade à vida privada". Assegura-se, constitucionalmente, todos os aspectos do exercício da privacidade pelo indivíduo, como condição *sine qua non*, reconhecida historicamente, de seu desenvolvimento individual, de sua comunidade e da sociedade como um todo.

Historicamente, sua ideia sempre esteve ligada à identificação dos limites entre espaços privados e públicos, com a proteção das atividades realizadas em âmbito privativo. Tem relação com a sensação de segurança do indivíduo, tanto física quanto ao próprio desenvolvimento da personalidade. Protege-se o espaço *privativo* do indivíduo de ingerências indevidas, para que esse possa (i) determinar qual é seu espaço privativo, e (ii) desenvolver-se enquanto ser humano, com a formação de sua personalidade. Protege-se o espaço de segurança, de desenvolvimento e de reflexão do indivíduo. Grande parte das liberdades individuais são possíveis em um ecossistema de privacidade. Essa é uma das principais razões históricas, por exemplo, da existência da ideia de domicílio enquanto instituto jurídico de proteção.

Dessa dicotomia entre esfera privada e esfera pública também deriva a ideia de privacidade como *direito de ser deixado só* ou *the right to be let alone*, assegurando ao indivíduo o direito de salvaguardar aspectos de sua vida do conhecimento ou domínio público e ter controle sobre esses espaços. Destaca-se o texto de Samuel Warren e Louis Brandeis, já em 1890 a respeito[19]. Essa ideia de separação evolui historicamente, resultando na ideia de uma esfera privada como algo a ser construído, inclusive mediante o controle ativo das informações do indivíduo[20].

Além disso, é importante fazer menção a uma das propostas teóricas que mais auxiliam a compreensão do conteúdo do direito fundamental de privacidade: a *teoria das esferas da personalidade* ou *teoria*

19 WARREN, Samuel; BRANDEIS, Louis. *The right to privacy*. Disponível em: https://civilistica.com/the-right-to-privacy/. Acesso em: 3-10-2021

20 RODOTÁ, Stefano. *Il diritto di avere*, Roma: Laterza, 2012, p. 321.

dos círculos concêntricos da esfera da vida privada desenvolvida na década de 1950 por Heinrich Hubmann[21], revisitada em 1957 por Heinrich Henkel e difundida no Brasil pela obra de Paulo José da Costa Junior[22].

A teoria propõe, visualmente, a representação do direito à privacidade a partir de três círculos concêntricos: (i) círculo da privacidade; (ii) círculo da intimidade ou da confidência; e (iii) círculo do segredo. Visualmente, o círculo da privacidade é o mais amplo e dentro dele estão os círculos de intimidade e segredo. A privacidade engloba a intimidade e o segredo, mas deles se diferencia. Dentro do círculo de intimidade está o círculo de segredo. A intimidade engloba o segredo, mas dele se diferencia. Assim, em texto, seria: {privacidade [intimidade (segredo)]}.

Nessa ideia, segredo é representado por aquilo que apenas o indivíduo sabe a seu respeito e sobre o que reflete em seu íntimo, isolado de qualquer compartilhamento de tal informação com terceiros. A esfera de intimidade representa as situações vividas e informações compartilhadas pelo indivíduo apenas com pessoas muito próximas e de sua intimidade, normalmente com familiares próximos, pessoas de relacionamento amoroso e melhores amigos. A esfera de privacidade, mais ampla, representa situações e informações em ambiente ainda controlado pelo indivíduo, mas mais superficiais e corriqueiras. São privadas, mas não tem nada mais de especial para o indivíduo a relevância de situações íntimas ou mesmo secretas. São situações e limites que devem ser identificadas de forma concreta e contextual, na análise casuística.

Além disso, propõe-se aqui que todo espaço externo, fora da linha de camada externa da esfera de privacidade, é identificado

21 HUBMANN, Heinrich. *Das persönlichkeitsrecht*. Münster: Böhlau-Verlag, 1953.
22 COSTA JR., Paulo José da. *O direito de estar só*: tutela penal da intimidade. São Paulo: Revista dos Tribunais, 1995, p. 30.

como espaço público, competindo ao indivíduo determinar os limites entre esses dois espaços. Tem-se, nesse ponto, mais uma manifestação da relação entre privacidade e liberdade. Nessa perspectiva, a *liberdade negativa* é a garantia constitucional de que a linha de esfera da privacidade não irá sofrer uma ingerência ilegal e indevida. A *liberdade positiva* é a garantia constitucional de que o indivíduo vai ter o controle sobre a linha de divisão entre o espaço privado e público. Ele deve ter o controle e a legítima expectativa - inclusive em razão do tratamento de seus dados pessoais - do ponto em que o espaço público começa para si. Os exemplos dessas ideias estão no cotidiano, com o uso da tecnologia, ou não.

Também está inserida no objetivo da LGPD a proteção ao desenvolvimento da personalidade. Proteger o tratamento adequado e lícito dos dados pessoais é reconhecer que esses podem identificar o indivíduo, impedindo que esse tenha o controle, por si, sobre os limites entre seu espaço privado e o espaço público (cruza-se aqui com a própria ideia trazida pelo direito fundamental da liberdade positiva). A proteção de dados pessoais é uma manifestação da proteção à privacidade justamente porque o tratamento inadequado de dados pode resultar na ingerência indevida ou constrição da esfera de privacidade, muitas vezes à revelia do próprio titular.

A privacidade e a proteção de dados pessoais têm, em conjunto, o objetivo de promoção do desenvolvimento da personalidade da pessoa natural. Não à toa, estão associados no art. 1º da LGPD. Esse objetivo de promoção parece se dar de duas formas.

3.2 Fundamentos da proteção de dados no Brasil (art. 2º)

Propondo uma leitura equilibrada da lei e uma regulação de mesmo tom, no art. 2º, a LGPD traz os fundamentos da matéria da proteção de dados pessoais no País e de suas estruturas. São as bases fundantes do sistema normativo brasileiro de proteção de dados pessoais, os valores e motivos que justificam a disciplina no ordenamento jurídico brasileiro. Em conjunto, identificam o ecossistema material e valorativo sobre o qual a matéria se desenvolve.

Cumprem, portanto, dois papéis principais em relação ao tratamento de dados pessoais no País: (i) justificam e explicam os porquês da regulação de tal atividade; e (ii) servem de vetores interpretativos da análise do caso concreto. Inclusive, refletem a maturidade equilibrada dos documentos estrangeiros sobre a matéria, propondo, de forma ampla, a ideia de proporcionalidade, balizadas a proteção de dados pessoais de um lado e o desenvolvimento das atividades econômicas e empresariais do outro.

O primeiro fundamento é o respeito à própria privacidade, o que já era esperado. A esse respeito, remete-se o leito ao dito no tópico anterior.

Em segundo lugar, a LGPD traz a chamada autodeterminação informativa. A ideia de autodeterminação informacional ou autodeterminação informativa está intimamente ligada aos direitos fundamentais de liberdade (em ambos os vieses – liberdade negativa ou positiva) e privacidade. Propõe a ideia de que deve ser preservado à pessoa natural, ao máximo possível, o direito ou poder de controle sobre os dados pessoais (sobre as informações que a identificam) . A partir da etimologia da expressão, a ideia de que a pessoa determine, por si mesmo, o uso das informações a seu respeito e as respectivas circunstâncias.

Tal fundamento traz, em si, a ideia de que a proteção de dados pessoais é um direito autônomo, considerando, sobretudo e como já comentado, que tais informações representam manifestação ou projeção da própria pessoa humana. Proteger e tratar adequadamente os dados associados a uma pessoa natural, por essa condição, é proteger a própria personalidade (em outras palavras, a proteção do dado pessoal é um direito da personalidade *per se*). Nesse sentido e por esse motivo principal, deve ser preservado o controle da pessoa natural sobre seus dados pessoais. É a sua personalidade que está em jogo e, portanto, cabe à própria pessoa decidir os rumos do seu desenvolvimento.

Como marco, a autodeterminação informativa tem raízes históricas em decisão da Corte Constitucional alemã sobre a Lei do Censo alemã (*Volkszählungsgesetz*) de 1983. Seu texto, de forma ampla e por vezes genérica, determinava que as pessoas alemãs fornecessem uma série de dados pessoais a viabilizar um mapeamento espacial e geográfico da população daquele país. Entre as disposições mais genéricas, previa a possibilidade do cruzamento das informações com outras bases públicas para a finalidade claramente imprecisa de "execução de atividades administrativas".

Após provocações reiteradas, a Corte Constitucional alemã declarou a inconstitucionalidade parcial da lei, determinando que o compartilhamento dos dados pessoais fornecidos deveria se dar, apenas e tão somente, para a finalidade específica estatística da população, o censo em si. Na parte inicial da decisão, a Corte reconhece o direito da pessoa de ter o controle sobre seus dados pessoais, cunhando-se a expressão autodeterminação informacional ou autodeterminação informativa.

Inclusive, interessante observar que, em paralelo histórico, identifica-se fundamentos similares à posição recente do STF quanto à inconstitucionalidade da Medida Provisória nº 954/2020 (que já teve sua vigência encerrada), dado que seu texto, entre outras falhas, trabalhava o uso dos dados de forma amplamente genérica, sendo essa uma das razões que embasaram a posição da Corte.

A ideia da autodeterminação informativa decorre, portanto, da própria dimensão subjetiva da proteção de dados enquanto direito fundamental. Essa condição, porém, não determina que autodeterminação seja absoluta, demandando – como a dinâmica de interpretação constitucional e a própria lista equilibrada do art. 2º da LGPD – uma ponderação concreta e contextual sobre o tratamento de dados pessoais. Tal ponderação exsurge, principalmente, em razão dos contrapontos concretos que o interesse público e direitos de terceiros possam apresentar. A própria LGPD traz normas de balizamento desse exercício de proporcionalidade. Isso se dá, por exemplo, por outros de seus fundamentos (v.g. desenvolvimento econômico e tecnológico, inovação e livre iniciativa).

Como outros fundamentos, a LGPD trabalha com as liberdades de expressão, de comunicação e de opinião. Como já dito, os direitos fundamentais de liberdade se traduzem no asseguramento necessário da liberdade negativa, no caso, impedindo a ingerência indevida (pelo Estado ou por particulares – respectivamente, eficácias vertical e horizontal) sobre a expressão, a comunicação e a opinião do indivíduo, e da liberdade positiva, no caso, garantindo que o indivíduo esteja no máximo controle dos mecanismos que viabilizam o exercício de suas liberdades. São direitos humanos e fundamentais justamente pela potencialidade positiva que o respeito pleno aos seus preceitos tem de fomentar o ambiente democrático e a existência de uma sociedade livre e em constante e plural evolução.

O que se busca com a eleição das liberdades de expressão, de comunicação e de opinião como fundamentos é sinalizar, de forma clara, que a disciplina da proteção de dados pessoais no País será exercida com a preservação de tais liberdades.

De um lado, propõe interpretações de equilíbrio que compatibilizem a proteção dos dados pessoais sem que isso ceife a livre expressão, comunicação ou opinião. Os dados pessoais devem ser protegidos, mas deve ser sempre feito um juízo de ponderação apto a evitar que o argumento de proteção à privacidade impeça o desenvolvimento de tais liberdades e seus objetivos. Como exemplo desse viés, a própria LGPD exclui de sua aplicação as atividades exclusivamente jornalísticas e artísticas (art. 4º, I e II). Seria de todo contrário aos objetivos constitucionais democráticos, interpretação que impedisse matéria jornalística porque as pessoas mencionadas não teriam, por exemplo, consentido com o uso dos seus dados.

Por outro lado, procura a LGPD evitar que o tratamento de dados pessoais seja feito de qualquer forma que impeça que tais liberdades floresçam. Por exemplo, nenhum tratamento de dados pessoais, inclusive os automatizados (por tecnologias de rede, algoritmos etc.) pode ser direcionado a reduzir as pluralidades de opiniões em vetor contrário à formação de uma sociedade democrática e plural. Seria o caso se determinada mídia social programasse seu algoritmo para identificar um termo específico, de forma ilegítima, impedindo que toda publicação com esse termo não fosse acessível aos seus usuários. Também com base nesses fundamentos, poderia se questionar a exclusão de usuário específico de mídia social sem ordem judicial e de forma ilegítima, limitando o exercício de sua expressão. Sobre o tema aliás, importante acompanhar a tramitação do PL nº 2.630/2020 do Senado Federal apelidado de Lei das Fake News. O PL já foi aprovado no Senado e tramita, desde julho de 2020, da Câmara dos Deputados.

Na sequência, a LGPD também trabalha com o fundamento da inviolabilidade da intimidade, da honra e da imagem. Assim como em relação ao respeito à privacidade e à liberdade, propõe-se que o tratamento de dados pessoais sempre respeite a intimidade, a honra e a imagem. Todo e qualquer tratamento e as interpretações concretas da matéria devem ter como norte a observância de tais direitos igualmente constitucionais.

Quanto à intimidade, a LGPD reconhece, no art. 2º, que o tratamento de dados pessoais pode não só por em risco à privacidade (o que lhe é inerente por conceito) como ir mais a fundo na esfera do indivíduo atingindo as situações que lhe são íntimas, em relação às quais ele gostaria de ter ainda mais controle, em preservação de sua personalidade, como ele bem entender. Situações que só não são segredo porque a pessoa decide dividi-las com pessoas muito próximas. Lembra-se sempre o exemplo, hoje já clássico nos debates acadêmicos, em que o pai soube da gravidez da filha não por ela, mas pelo tratamento inadequado e inadvertido de seus dados pessoais.

Em relação à honra, visa a lei evitar situações em que o tratamento de dados possa violar o direito à honra, tanto na sua perspectiva objetiva (percepção da sociedade sobre a pessoa, inclusive jurídica) e como na sua vertente subjetiva (percepção da própria pessoa sobre si mesma). Seria ilícito, nessa perspectiva e a priori, o tratamento de dados pessoais, inclusive automatizado, dedicado a expor pessoas a situações públicas vexatórias. Seria o caso se uma escola resolvesse criar uma seção em seu site para expor os alunos com as menores notas sob o pretexto de incentivo e isso fosse baseado no tratamento de dados de seus alunos. No âmbito das relações de trabalho, também seria exemplo se uma empresa, a partir da análise de dados, expusesse de forma pública uma lista de colaboradores de demissão provável por conta de maus resultados.

Por fim, o tratamento de dados pessoais também deve ser realizado para proteção da imagem. A ideia é que, assim como no caso da honra, os dados pessoais sejam tratados em respeito à imagem das pessoas, inclusive jurídica.

De forma equilibrada, a LGPD também propõe como fundamento a observância do desenvolvimento econômico e tecnológico e a promoção da inovação. Propõe que todo entendimento sobre a proteção de dados pessoais considere, de forma mais equilibrada, os diversos modelos de negócio existentes.

A ideia é que a proteção de dados pessoais, embora fundamental, não seja adotada de forma radical ou em tamanho pragmatismo a ponto de ignorar a realidade e frear o desenvolvimento das linhas de negócio ou a inovação de forma excessiva ou sem qualquer razoabilidade. Não é desejável, sob pena da imposição da realidade, uma proteção de dados pessoais cega economicamente. A ponderação é sempre necessária. Aliás, o histórico estrangeiro da matéria sempre respeitou essa noção de equilíbrio de uma regulação que, embora necessária, não seja sufocante. A aplicação da LGPD precisa estar sempre no meio-termo entre a ausência de regulação e essa regulação que sufoca e impede o desenvolvimento.

Tem-se, então, duas consequências práticas dessa ideia. A primeira de que toda interpretação da LGPD e de debate concreto da matéria deve ter o desenvolvimento e a inovação como fins a serem buscados de forma equilibrada com a proteção de dados pessoais. A segunda de que as soluções de desenvolvimento econômico e tecnológico e de inovação devem ter a privacidade e a proteção de dados pessoais como diretrizes primárias.

Também, assim como é tratado no Marco Civil da Internet, a lei traz como fundamentos a livre iniciativa, a livre concorrência e a defesa do consumidor. São três fundamentos que poderiam estar separados em incisos próprios, mas a sua disposição conjunta parece reconhecer a relação que os três tem na regulação do exercício da atividade econômica no País, sobretudo em termos constitucionais.

A livre iniciativa constitui garantia constitucional que traduz uma das principais diretrizes liberais do Estado brasileiro. Prevista no art. 170, *caput*, da CF, é disciplina de orientação da ordem econômica brasileira. Em seu conteúdo, propõe que os agentes econômicos e os negócios não sofram intervenções injustificáveis. A intervenção ou a existência de ônus a serem respeitados no exercício das atividades não é vedado, o que se veda, inclusive na essência constitucional do preceito, são as intervenções infundadas, sem embasamento legal ou sem uma justificativa pautada em bem constitucionalmente tutelado.

Além da Constituição Federal, no País, a questão ganhou contornos ainda mais notórios diante da recente deliberação liberal do Poder Legislativo, com a promulgação da Lei da Liberdade Econômica (Lei nº 13.874/2019). A lei instituiu a Declaração de Liberdade Econômica e traz outras disposições vocacionadas a concretizar, em plano infraconstitucional, a garantia da livre iniciativa. Com o novo marco legislativo, a livre iniciativa pode ser melhor compreendida e traduzida em termos práticos.

Ao colocar a livre iniciativa como fundamento, a LGPD permite e propõe uma interação constante entre a proteção de dados pessoais e o regime da livre iniciativa, renovando seu pacto pelo equilíbrio na interpretação normativa. Reconhece, em diálogo com o sistema normativo brasileiro, que a intervenção nos modelos de negócio é possível, mas não a todo custo. Deve ser respaldada na proteção de dados pessoais e de direitos fundamentais dos titulares, bem como na razoabilidade. Afasta, com isso, a intervenção pela intervenção, sem uma pauta minimamente razoável. Determina a existência de uma conversa prática entre a livre iniciativa e a preservação de direitos igualmente fundamentais.

Em relação à livre concorrência, esse também é preceito primordial da estruturação da ordem econômica brasileira, conforme determinação do art. 170, IV, da CF. Propõe, na essência, a busca constante de um mercado ideal, marcado pela existência da livre concorrência, o que contribuiria, no modelo liberal, para o desenvolvimento das atividades econômicas, inclusive com um maior número de opções para o público consumidor.

Nessa perspectiva, o tratamento de dados pessoais deve ser regulado e orientado a fim de preservar ao máximo a livre concorrência entre os agentes econômico, como um vetor de sua promoção e não o contrário. Lembra-se, mais uma vez, o cenário atual pautado na economia de dados, em que os modelos de negócio têm nesse ativo valioso verdadeiras *commodities* ou matérias-primas para todas as suas linhas de negócio. O que a LGPD determina, sobretudo, é que os tratamentos de dados pessoais não sejam realizados de forma a prejudicar a concorrência de mercado e suas estruturas de sustentação, protegendo o mercado e o público consumidor, seja pela utilização dos dados em si, seja pela diferença de regulação ou grau de conformidade pelos agentes (ex.: um agente cumpre a legislação e depende do consentimento para tratar os dados – e por isso tem uma menor quantidade de dados para trabalhar – do que o outro concorrente que descumpre a lei e trabalha com mais matéria-prima). Toda e qualquer situação em que tais preceitos possam ser colocados em risco são dignos de avaliação legal pelo sistema conjunto da LGPD e da proteção da concorrência. Nessa perspectiva, é elogiável o Acordo de Cooperação Técnica nº 5/2021 firmado entre o Conselho Administrativo de Defesa Econômica – CADE e a ANPD[23].

Por fim, há referência ainda à defesa do consumidor com fundamento. A LGPD reconhece que, no âmbito das relações de consumo, há o tratamento de dados pessoais e esse, nesses casos, deve ser interpretado a partir das exigências conjuntas e somadas tanto da LGPD quanto do Código de Defesa do Consumidor. A situação é razoavelmente frequente e digna de nota clara para quem estuda e trabalha com a matéria, sobretudo considerando a relevância e prá-

23 Disponível em: https: //www.gov.br/anpd/pt-br/assuntos/noticias/act-tarjado-compactado.pdf?utm_campaign=newsletter - 07062021&utm_medium=email&utm_source=RD+Station. Acesso em: 3-10-2021.

tica históricas da disciplina consumerista no País. Por isso, é muito relevante que o diálogo entre tais fontes normativas seja feito de forma dedicada e a partir das regras de hermenêutica, prevalecendo a LGPD (por especialidade e posterioridade) naquilo que ela regular a situação de forma específica.

Como exemplo, tem-se a situação recorrente de questionamento sobre o atendimento de produtos e serviços aos direitos básicos do consumidor, em especial, a partir da análise dos sites das empresas. Nesse aspecto, *v.g.*, o CDC traz os direitos (art. 6º) de segurança (inc. I), informação adequada e clara (inc. III) e efetiva prevenção de danos (inc. VI). Como interpretar tais direitos no contexto do tratamento de dados pessoais? O conteúdo só pode ser aquele definido pelo que a LGPD prevê. Assim, a informação adequada e clara (nos termos do CDC) em relação ao tratamento de dados seria aquela que atendesse, especialmente, aos seus arts. 9º e 18.

Por fim, a LGPD elege os fundamentos de proteção aos direitos humanos, ao livre desenvolvimento da personalidade, da dignidade e do exercício da cidadania. A LGPD reforça mais uma vez que a proteção de dados pessoais tem por norte a preservação dos direitos humanos (em especial, a liberdade e a privacidade), do livre desenvolvimento da personalidade (reitera-se aqui mais uma vez a noção de dado pessoal como projeção da personalidade), da dignidade e do exercício da cidadania das pessoas naturais.

3.3 Aplicabilidade territorial da lei (art. 3º)

A LGPD define as situações em relação às quais será aplicável. Ou seja, as hipóteses de seu âmbito de incidência. Em outras palavras, quem deve seguir seus preceitos e onde ou em relação a quem suas medidas de *enforcement* ou fiscalização podem ser adotadas. Tais situações são previstas no art. 3º.

A primeira delas (inc. I) determina que a LGPD será aplicável se a operação de tratamento de dados for realizada em território nacional. Como operação de tratamento, deve ser entendida, nos termos do art. 5º, X, "toda operação realizada com dados pessoais, como as que se referem a coleta, produção, recepção, classificação, utilização, acesso, reprodução, transmissão, distribuição, processamento, arquivamento, armazenamento, eliminação, avaliação ou controle da informação, modificação, comunicação, transferência, difusão ou extração.

Assim, realizada qualquer atividade entendida como tratamento de dados em território nacional (repare-se que o rol é extenso e não exaustivo - como a locução "como as que se referem a" denota), a LGPD será aplicável. Inclusive, replica-se, aqui, a lógica de aplicabilidade territorial estabelecida no art. 11 do Marco Civil da Internet.

Como exceção a esta primeira hipótese, tem a previsão do § 2º do art. 3º, que atrai a aplicação do inc. IV do art. 4º da lei. Diz tal inciso que a LGPD não se aplica ao tratamento de dados

> [...] provenientes de fora do território nacional e que não sejam objeto de comunicação, uso compartilhado de dados com agentes de tratamento brasileiros ou objeto de transferência internacional de dados com outro país que não o de proveniência, desde que o país de proveniência proporcione grau de proteção de dados pessoais adequado ao previsto nesta Lei.

Essa situação é aquela em que uma empresa, com sede em território nacional, trata dados pessoais no País mas esses dados são provenientes de país estrangeiro e o tratamento se dá de forma isolada sem comunicação com outros agentes no País ou que, se apenas transferidos internacionalmente, o país de destino tem o mesmo nível de proteção que a LGPD fornece às informações.

Assim, para que não seja aplicada a LGPD ao tratamento de dados pessoais feito em território nacional devem ser observados os seguintes requisitos cumulativos: (i) os dados pessoais não podem ter sido coletados em território nacional, tendo sido coletados no último país que encaminhou os dados ou em outro, mas sempre em território estrangeiro; (ii) que nenhuma das operações de tratamento implique o compartilhamento de dados com agentes de tratamento situados no território nacional; e (iii) os dados pessoais não podem ser transferidos para países que não tenham o mesmo nível de proteção de dados posto pela LGPD.

A partir dessa leitura, observa-se que a hipótese de exceção tem como objetivo manter o Brasil em posição de competitividade no cenário internacional com o estímulo da contratação das empresas nacionais por agentes estrangeiros como, por exemplo, para a prestação de serviços de armazenamento em nuvem.

A segunda situação de aplicação territorial da lei é aquela do inc. II do art. 3º que se dá se "a atividade de tratamento tenha por objetivo a oferta ou o fornecimento de bens ou serviços ou o tratamento de dados de indivíduos localizados no território nacional".

Assim, ainda que a operação de tratamento de dados não tenha ocorrido no País (o que faria incidir a hipótese do inciso I), se for feita a oferta ou o fornecimento de bens ou serviços a indivíduos situados no País, a LGPD incidirá. É o caso, por exemplo, de empresas estrangeiras, sem sede no Brasil, mas que fornecem serviços ou vendem produtos a pessoas situadas no País por sites ou páginas em mídias sociais, tratando dados pessoais nessas atividades. Além disso, ainda que não ofertem ou forneçam produtos ou serviços a indivíduos situados no País, se o tratamento de dados pessoas desses indivíduos é feito, a LGPD será aplicável. É importante reparar que o critério adotado não é o da nacionalidade, mas o da localização do indivíduo. Assim, a hipótese do inc. II também ocorre para estrangeiros situados no Brasil e não é aplicável a brasileiros situados fora do território nacional.

Há, ainda, a menção de uma terceira situação pela lei, em seu art. 3º, III, segundo o qual a LGPD será aplicável se: "os dados pessoais objeto do tratamento tenham sido coletados no território nacional.". Essa previsão revela impropriedade da redação legal, dado que a coleta de dados pessoais é uma operação de tratamento de dados, já coberta pela previsão de aplicabilidade do inc. I.

3.4 Aplicabilidade material da lei (art. 4º)

Por eficácia material, devem ser entendidas quais situações estão no campo de alcance de eficácia da lei, ou seja, para quais operações com dados pessoais a LGPD é aplicável e pode produzir efeitos.

O critério adotado é o de exclusão, sendo a LGPD aplicada a todas as operações de tratamento de dados pessoais, exceto naquelas previstas em seu art. 4º. Tendo em vista os direitos fundamentais envolvidos e a importância da proteção de dados pessoais que justificam a própria existência da LGPD, essa é aplicável a todas as operações com dados pessoais, exceto aquelas que, expressamente, o texto legal diz que não. Essa é a função do art. 4º: excepcionar de forma expressa as operações de tratamento de dados em relação às quais não incide a LGPD.

Antes das situações específicas do art. 4º, é preciso lembrar uma premissa que possa eventualmente passar desapercebida. A LGPD só é aplicável às operações que envolvam dados pessoais, os quais, nos termos do seu art. 5º, I, são aqueles que permitem a identificação direta ou indireta de uma pessoa natural.

Dados que não gozam dessa qualidade são também dados, mas não dados pessoais ou que podem ser classificados como dados não pessoais. São o caso, por exemplo, dos chamados "dados anonimizados" definidos na lei (art. 5º, III), como "dado relativo a titular que não possa ser identificado, considerando a utilização de meios técnicos razoáveis e disponíveis na ocasião de seu tratamento". O mesmo pode ocorrer em relação a dados de pessoas jurídicas que, mesmo em contexto, não permitam a identificação de qualquer pessoa natural. Ou ainda com dados meramente estatísticos que sirvam para quantificação, mas são absolutamente estéreis na identificação de qualquer pessoa natural.

Dito isso, o inc. I do art. 4º excepciona a aplicação da LGPD o uso de dados pessoais para situações exclusivamente particulares e não econômicas. A ideia é direcionar a regulação para situações relevantes e de risco e não para situações de cunho pessoal apenas. A avaliação concreta das situações dirá se elas se enquadram na hipótese de exceção.

Nesse sentido, alguns exemplos que a LGPD não incidiria a princípio: (i) agendas exclusivamente pessoais; (ii) sites utilizados exclusivamente para fins pessoais e não comerciais como blogs ou aqueles em que as pessoas hospedam vídeos de suas atividades; (iii) atividades exclusivamente domésticas de envolvam dados, como listas de convite de aniversários ou casamentos, ou ainda de pessoas permitidas para entrar em condomínio residencial em caso de evento; (iv) registros de dados pessoais de saúde por familiares para casos de emergência; (v) rede de *wi-fi* residencial que coleta dados de visitantes que nela conectam.

Ressalta-se que o tratamento tem de ser para uma finalidade exclusivamente particular e não econômica, o que deve ser analisado de forma contextual. Qualquer situação em que algum porquê econômico se apresente ou se nos serviços relacionados direta ou indiretamente com o tratamento tal fim econômico for identificado, a LGPD será aplicável, sempre em ponderação concreta dos direitos fundamentais dos titulares de dados pessoais. Nessa perspectiva, a decisão concreta pelo entendimento de não aplicação da LGPD deve passar por uma análise cuidadosa de todas as possibilidades.

Alguns exemplos em que isso poderia se verificar, afastando a hipótese de exceção do art. 4º, I: (i) no caso de condomínio residencial, embora a finalidade última seja particular, a LGPD é aplicável à empresa que eventualmente presta serviços condominiais de segurança, controle e administração (de caráter econômico); (ii) no caso de casamentos ou festas de formatura, embora esse sejam fins a priori particulares, as empresas que gerenciam listas, prestam serviços de organização, decoração, fotografia, alimentação e presentes devem seguir à LGPD no tratamento envolvidos em suas atividades; e (iii) no caso de agendas pessoais, se eventualmente os dados das pessoas vierem a ser utilizados para fins não particulares como para envios de publicidade ou contatos para fins profissionais, também aplicar-se-á a LGPD.

A LGPD também não é aplicável às atividades exclusivamente jornalísticas e artísticas. A liberdade de imprensa é uma garantia constitucional das mais relevantes, sendo fundamental para a manutenção saudável do regime democrático. A hipótese de exceção, portanto, traz esse ecossistema de necessária preservação da atividade jornalística para a disciplina da proteção de dados pessoais de modo que essa não só deve ser conduzida com equilíbrio mas retirando a aplicabilidade da LGPD das atividades exclusivamente jornalísticas, inclusive aquelas de pesquisa ou elaboração de acervo vocacionado exclusivamente para o jornalismo. O temor é que a LGPD pudesse, de forma concreta e muito longe dos seus objetivos, reduzir a potencialidade informativa necessária de tais atividades. Em relação às atividades artísticas, a excepcionalidade segue a mesma lógica. Mais uma vez, a hipótese de exceção tem por finalidade evitar que a proteção de dados pessoais limite ou estrangule a manifestação social artística, atividade tão fundamental ao desenvolvimento plural da sociedade.

O inc. II do art. 4º também excepciona da aplicação da LGPD os tratamentos de dados realizados para fins acadêmicos. Essa exceção também está ajustada à proposta equilibrada da LGPD de buscar sempre a proporcionalidade entre a proteção dos dados pessoais, os direitos fundamentais e o valor do desenvolvimento econômico e social. O texto legal, aqui, pela exceção, reconhece a importância das atividades acadêmicas para a geração e promoção de um ecossistema virtuoso de desenvolvimento dos mecanismos de tecnologia da informação e de inovação.

Como qualquer hipótese de exceção de uma lei que visa a proteção da liberdade e da privacidade, deve ser interpretada restritivamente, de modo que a LGPD não será aplicável nas estritas situações concretas de pesquisa e produção acadêmica. Essa é a finalidade de exceção que sustenta a não eficácia da lei nesse caso. Qualquer situação limítrofe deve ser vista com muita cautela e com uma análise contextual e, identificada que a finalidade acadêmica restou extrapolada, a LGPD deve ser aplicada.

Por fim, a LGPD não é aplicável para os tratamentos de dados pessoais para fins exclusivos de segurança pública, defesa nacional, segurança do Estado ou atividades de investigação e repressão de infrações penais. A não aplicação da LGPD para essas atividades se justifica pela relevância e interesse público envolvidos nos objetivos de cada uma delas.

3.5 Definições (art. 5º)

As definições da LGPD são absolutamente fundamentais para seu entendimento e aplicação. De forma muito completa e elogiável a LGPD traz, em seu art. 5º, as definições de todos os seus principais conceitos, permitindo o seu melhor entendimento, interpretação e aplicabilidade prática. Em sua ampla maioria, em quantidade e conteúdo, são conceitos que refletem a evolução regulatória estrangeira da matéria, traduzindo-os de forma profícua no ordenamento jurídico brasileiro.

O primeiro conceito é o de *dado pessoal*: principais documentos históricos, estrangeiros e nacionais sobre a matéria (ver art. 4º do GDPR e art. 14 do Dec. nº 8.771/2016), em vez do conceito reducionista de dado pessoal. Isso era esperado e é condizente com os objetivos da LGPD (art. 1º).

Se a regulação tem por objetivos a promoção da liberdade (negativa e positiva), privacidade e o desenvolvimento da personalidade, é natural que se amplie as situações em que um dado pessoal estaria caracterizado, pois também se amplia o espectro de proteção da norma. Nesse sentido, o conceito expansionista define um dado como um *dado pessoal* se dele e a partir do seu contexto de operação pode ser extraída uma informação e que essa seja capaz de identificar diretamente uma pessoa natural (pessoa identificada) ou que é capaz de identificar indiretamente uma pessoa natural (pessoa identificável). São dados pessoais, por exemplo: nome, prenome, números identificadores (RG, CPF, CNH, OAB, título de eleitor etc.), endereço, nacionalidade, naturalidade, estado civil, profissão, gênero, números de telefone, históricos, endereços IP, e-mails, *cookies* etc.

Dado e informação são conceitos diferentes. A informação é o resultado racional extraído do dado. Se a partir desse raciocínio e da verificação contextual, pode se chegar a alguém determinado ou indeterminado fala-se em dado pessoal. Esse alguém pode ser identificado de forma direta, imediata, precisa, determinada ou exata (pessoa identificada). Esse alguém também pode ser identificado de forma indireta, mediata, imprecisa ou inexata (pessoa identificável). Pelos objetivos da LGPD, o raciocínio é de cautela, de modo que, existindo uma mínima possibilidade, ainda que contextual e de esforço racional, de identificar uma pessoa natural, o dado deve ser considerado como pessoal. Do contrário, não.

Em vetor racional oposto, o conceito reducionista de dado pessoal limita muito a identificação de dados que seriam pessoais, como a própria definição indica. Para esse conceito – não utilizado pela legislação brasileira, vale repisar – dado pessoal seria apenas aquele do qual é possível extrair uma informação precisa, determinada e exata sobre alguém (pessoa identificada, apenas).

Na sequência, como uma categoria específica de dado, assim separada em razão do maior risco, a LGPD define o dado pessoal sensível. O dado pessoal sensível é assim conceituado em razão de uma especial qualidade da informação que se extrai do dado e que é relacionada à pessoa natural.

As informações que podem ser extraídas e que qualificam o dado pessoal como *dado pessoal sensível* são: origem racial ou étnica, convicção religiosa, opinião política, filiação a sindicato ou a organização de caráter religioso, filosófico ou político, saúde, vida sexual, genética ou biométrica. A sensibilidade que justifica tal categorização de tais dados, inclusive com regime de bases legais de tratamento distinto (art. 11), decorre muito do potencial discriminatório do uso indevido de tais informações, do potencial lesivo maior se comparadas às informações não sensíveis e da experiência histórica e prática de situações em que informações dessa qualidade. Em suma, os dados sensíveis assim o são porque o tratamento respectivo demonstra um potencial de risco maior, inclusive ingressando em algumas situações na esfera ainda mais profunda de intimidade do indivíduo, justificando um regime mais cauteloso e protetivo de regulação.

Assim como em relação à condição de pessoal do dado, sua condição de sensível também deve ser avaliada de forma contextual, o que envolve uma análise conjunta de vários fatores, como, por exemplo, quais dados pessoais são tratados, em qual volume, quais as inter-relações feitas e finalidades adotadas. Por vezes, é esse olhar conjunto que revela a sensibilidade das informações extraídas e é essa avaliação o mais global possível que os objetivos da LGPD recomendam.

- *Dado sobre origem racial* é o dado do qual é extraída informação a respeito do indivíduo que o identifique ou categorize em razão de sua ascendência, cor, origem nacional ou étnica (pertencimento a uma coletividade diferenciada por suas especificidades, como cultura, práticas, modos de agir etc.). Em razão desse perfil, permite, sobretudo, o emprego de práticas discriminatórias negativas;
- *Dado sobre convicção religiosa* é o dado do qual é extraída informação a respeito da convicção religiosa do indivíduo, quer dizer, suas crenças e dogmas e práticas habituais (de religiosidade) neles baseadas. A informação que identifica o indivíduo em razão de sua adesão a tais preceitos, permitindo, inclusive, sua segregação, discriminação ou mesmo perseguição;
- *Dado sobre opinião política* é o dado do qual é extraída uma informação que identifica a opinião política do indivíduo, ou seja, seu modo de pensar em sobre às formas de organização sociais e de estruturação do Estado. Um dos pilares que insere o indivíduo no campo democrático de evolução social. Por isso, a depender do contexto e principalmente no caso de opinião política comum de um determinado grupo de indivíduos, pode ser objeto de perseguição ou de práticas discriminatórias;
- *Dado sobre filiação a sindicato ou a organização de caráter religioso, filosófico ou político* é aquele do qual pode ser extraída uma

informação que identifique sua filiação, vinculação ou cadastro a tais organizações (*v.g.* membros de determinada igreja ou de determinado partido político); *Dado referente à saúde* é o dado do qual é extraída uma informação que diz respeito a qualquer elemento sobre saúde física ou mental do indivíduo (v.g. histórico, sintomas, exames, doenças, estados de saúde, medicamentos, comportamentos), incluindo as informações relacionadas a planos e a prestação, *lato sensu*, de serviços médicos de qualquer natureza (ver art. 4º, (15), do GDPR);

- *Dado referente à vida sexual* é qualquer dado do qual possa ser extraída alguma informação sobre a sexualidade do indivíduo: orientações, hábitos, preferências, histórico etc.;
- *Dado genético* é aquele a partir do qual pode ser extraída uma informação relativa a características genéticas, hereditárias ou adquiridas de uma pessoa, que tragam informações únicas sobre a sua fisiologia ou saúde e que resulte de uma análise de uma amostra biológica proveniente do titular do dado (ver art. 4º, (13), do GDPR);
- *Dado biométrico* é aquele do qual se extrai uma informação de identificação única e inequívoca do titular do dado. Esse dado, porém, é obtido como resultado de um processamento técnico específico relacionado às características físicas, fisiológicas ou comportamentais dessa pessoa, como imagens faciais ou dados datiloscópicos (ver art. 4º, (14), do GDPR).

Na terceira definição (art. 5º, III), define o dado anonimizado. É o dado que passou por um procedimento de anonimização e por isso passou a ser estéril, sendo impossível, ainda que em associação com outro dado, que ele identifique alguém direta ou indiretamente. Em razão disso, por essa condição de ausência plena de possibilidade de identificação, o regime da LGPD não é aplicável em relação aos dados anonimizados, pois ausente qualquer risco à liberdade, à privacidade e ao desenvolvimento da personalidade de pessoas naturais.

No inc. IV, o art. 4º define o banco de dados que é identificado a partir da estruturação conjunta de dados pessoais. Assim, para a LGPD, qualquer estrutura física ou digital que reúna dados capazes de identificar pessoas naturais é considerado um banco de dados. Identificar os bancos de dados ou dados pessoais estruturados de forma conjunta é relevante sobretudo do ponto de vista prático nas situações em que a separação de grupos de dados ou de determinados tratamentos são necessárias. Isso ocorre, por exemplo, no caso das sanções de bloqueio, eliminação ou suspensão de funcionamento (art. 52, IV, V e X), aplicáveis aos bancos de dados associados à prática da infração. Não se confunde com o conceito de base de dados. Aquele, como visto, é identificado pela estruturação conjunta de dados pessoais e que, por esse potencial de identificação, tem atenção e proteção jurídica de direitos extremamente relevantes como liberdade e privacidade, mas não proteção no regime de propriedade intelectual. A base de dados, diferentemente, é tutelada pelo regime de direitos autorais (art. 7º, XIII, da Lei de Direitos Autorais - LDA) se caracterizada como obra intelectual protegida. A base de dados será uma obra protegida se a seleção, organização ou disposição dos dados (independentemente da natureza) revelarem ou traduzirem em termos práticos e concretos a criação intelectual de seu autor.

A lei também define o titular de dados pessoais. É o grande sujeito protegido pela regulação proposta pela LGPD, justamente porque é ele a pessoa natural identificada direta ou indiretamente pela informação extraída do dado pessoal. Os objetivos de proteção da LGPD (liberdade, privacidade e desenvolvimento da personalidade) lhe dizem diretamente respeito.

É um dos sujeitos presentes na relação jurídica criada pela LGPD. Seu texto tornou jurídica uma relação de fato que existe desde que foi historicamente possível, em que há um objeto, as operações com dados pessoais, e dois polos muito claros. De um lado, quem realiza essas operações (agente de tratamento) e do outro a pessoa natural que é identificada pelo dado pessoal tratado (titula de dados pessoais).

Como o titular de dados pessoais é a pessoa natural e como já comentado em outros momentos, sua identificação segue também a compreensão de pessoa natural extraída do ordenamento jurídico brasileiro. Assim, pode ser considerado como titular de dados pessoais a pessoa natural, isto é, entre o nascimento com vida (art. 2ºdo CC) e a morte (art. 6º do CC). Sobre os dados relacionados à pessoa falecida ver art. 1º da LGPD.

Definido quem é o titular de dados pessoais, a LGPD passa então a definir quem são os agentes de tratamento (controlador e operador) no art. 5º, incs. VI e VII, ou seja, os agentes que realizam as operações envolvendo os dados pessoais (realizam o tratamento de dados pessoais) e que estão no outro polo da relação com o titular dos dados pessoais. Acredita-se que tratar as duas figuras de forma conjunta auxilia na compreensão das definições, sobretudo porque a identificação de tais figuras, na boa parte das vezes, se dá de forma contextual.

Em razão da importância, a LGPD primeiro define o controlador como aquele que é responsável por tomar as principais decisões referentes às operações de dados pessoais, por exemplo, quais as finalidades dos tratamentos, quais dados são coletados, por quanto tempo ficam armazenados, se serão ou não compartilhados com outros agentes e por quais motivos etc. Por definição do inc. VI, o controlador seria assim identificado porque a ele compete tomar as decisões sobre o tratamento de dados pessoais. Não há a necessidade, portanto, que o tratamento seja por ele diretamente realizado, mas que ele tenha efetivamente o poder de decisão sobre a operação com os dados pessoais em seus elementos essenciais, quais sejam a finalidade do tratamento, a natureza dos dados pessoais tratados e a duração do tratamento.

O operador, por sua vez, será a pessoa natural ou jurídica, distinta do controlador, e que realize alguma operação de tratamento de dados em nome do controlador. Ou seja, em termos práticos, o operador é o agente de tratamento para quem o controlador delegou uma ou várias operações com os dados pessoais. A expressão em nome de significa que o controlador definiu as finalidades e os meios de tratamento que devem ser utilizados. Em síntese, após avaliações concretas criteriosas, os operadores acabam sendo definidos de modo residual: tratando dados pessoais e não sendo possível a classificação como controlador, o agente de tratamento será operador. Inclusive, é possível que um operador delegue determinada operação (já delegada pelo controlador) a outro operador que será identificado como suboperador. É, portanto, aquele contratado pelo operador para auxiliá-lo a realizar o tratamento de dados pessoais em nome do controlador. A relação direta do suboperador é com o operador e não com controlador.

Há, ainda, as situações em que se identifica mais de um controlador em um mesmo tratamento de dados. É a situação de co-controladoria ou controladoria conjunta.

Dando sequência, a LGPD define a figura do encarregado de proteção de dados pessoais (art. 5º, VIII). Encarregado é o nome que a LGPD atribui à figura do *Data Protection Officer* – DPO, sendo esse profissional, como diz o inciso, responsável por atuar na comunicação entre o controlador e os titulares de dados pessoais ou entre o controlador e a ANPD. Esse papel lhe agrega uma série de funções, tais como: (i) receber as solicitações dos titulares de dados pessoais e comunicações desses de qualquer natureza; (ii) prestar os esclarecimentos necessários sobre o tratamento de dados pessoais; e (iii) receber comunicações da ANPD e atuar da forma necessária para atender ao que solicita a autoridade.

Além dessas atribuições mais imediatas de interação, é preciso dizer que o papel e a importância do Encarregado no ecossistema da organização são de extrema relevância para a maturidade do agente de tratamento em relação à proteção de dados pessoais. Se não o maior, é um dos principais responsáveis por viabilizar as articulações internas necessárias à promoção da cultura de privacidade para os times internos. Até por isso, deve ser alguém que entenda profundamente a atividade da organização em que está inserido.

Também estabelece o que é considerado como tratamento de dados pessoais (art. 5º, X). De forma ampla e em rol exemplificativo, diz que tratamento de dados pessoais é

> [...] toda operação realizada com dados pessoais, como as que se referem a coleta, produção, recepção, classificação, utilização, acesso, reprodução, transmissão, distribuição, processamento, arquivamento, armazenamento, eliminação, avaliação ou controle da informação, modificação, comunicação, transferência, difusão ou extração.

Define o consentimento, diante da sua importância enquanto base legal de tratamento ou motivo legitimante da operação com dados pessoais. Parece ser a ideia que melhor traduza, em termos práticos, os direitos de autodeterminação informativa e liberdade positiva do titular de dados pessoais, ou seja, o exercício do controle sobre seus dados pessoais e, por isso, de sua esfera privada. A ideia é que o titular consinta e autorize determinado tratamento com seus dados, tendo a manifestação de vontade plena de controle a esse respeito.

Isso, porém, não torna o consentimento a única forma autorizativa legal (base legal de tratamento) a permitir que o tratamento de dados pessoais seja realizado. Além do consentimento, há outras dez bases legais que permitem ao agente de tratamento operar com dados pessoais, distribuídas nos arts. 7º, 11, 14 e 23. Como já sinalizado, o ecossistema de bases legais de tratamento reforça a liberdade positiva, seja via consentimento, seja via identificação de outra justificativa legal que permita o tratamento dos dados ainda que o titular não consinta. Isso é elogiável, ao passo que mantem o texto normativo dentro da realidade. Aliás, é preciso ser pragmático e reconhecer que, muitas vezes na prática, seria muito difícil obter o consentimento na forma em que esse se mostre verdadeiramente presente. Ao confortar o tratamento de dados pessoais em outras bases, a LGPD mais uma vez se porta como um texto real e equilibrado. O consentimento será necessário se o ajuste nas demais motivações legais não for possível.

Deve se caracterizar com a manifestação livre, informada e inequívoca pela qual o titular concorda com o tratamento de seus dados pessoais para uma finalidade determinada. Essas características acabam por explicar umas as outras. Manifestação de vontade livre é aquela em que se verifica a garantia de opção e liberdade de escolha por parte do titular. Cabe apenas a ele decidir pelo sim ou pelo não, se concorda ou não com o tratamento de seus dados para a finalidade determinada, sem que sua manifestação seja viciada de qualquer forma, aplicando-se aqui à lógica dos vícios de vontade do Código Civil (arts. 104 e ss.). Manifestação de vontade informada é aquela em que o titular recebeu todas as informações necessárias para poder decidir se concorda ou não com o tratamento de dados pessoais, tais como: quais dados estão envolvidos, por quanto tempo os dados serão tratados, eventualmente com quem os dados serão compartilhados e qual a finalidade específica do tratamento. Manifestação de vontade inequívoca, por sua vez, pode ser entendida em duas acepções, cumprindo o controlador buscá-las concomitantemente por cautela. Por um lado, a manifestação inequívoca pode ser aquela em que há certeza plena e de forma clara que o titular autorizou o tratamento, não restando dúvidas se o consentimento existiu ou não. Se caracteriza, nessa perspectiva, pela manifestação positiva do titular, cumprindo ao controlador manter os registros probatórios de que essa postura positiva de concordância foi obtida, como, por exemplo, declarações por escrito, assinaturas em termos de consentimento, sinalizações positivas em botões ou *links* nas páginas de internet, e-mails de resposta, preenchimento de formulários etc. Posturas negativas ou omissivas do titular em que ele simplesmente não questiona o tratamento ou em que não altera configurações de concordância pré-aprovadas não podem ser consideradas como consentimento. Por outro lado, a manifestação inequívoca pode ser entendida como aquela manifestação não equivocada, quer dizer, aquela em que fica claro que o titular não tinha qualquer dúvida sobre o que consentiu, passando pelas garantias anteriores de que a manifestação foi livre e informada. Aliás, considerando a característica de "informada" posta antes do texto do inciso XII, é provável que o legislador não tenha desejado ser redundante e tenha, de fato, adotado apenas a acepção de "inequívoca" enquanto manifestação positiva, dado que uma manifestação informada é aquela também livre de dúvidas. De todo modo, diante da possível ambiguidade, a cautela se impõe.

A LGPD, nos incs. XIII e XIV do art. 5º, define o bloqueio de tratamento e a eliminação. Bloqueio é a suspensão temporária de qualquer operação de tratamento (quaisquer operações como as previstas no rol exemplificativo do inc. X), podendo o dado pessoal ou banco de dados serem guardados, se isso for aplicável. A permissão de guarda é a única exceção nesse período e se justifica porque o bloqueio se trata de suspensão *temporária*, de modo que, ao seu final, o tratamento poderá ser retomado. É também considerado um direito do titular se verificada a desnecessidade, o excesso ou a desconformidade no tratamento (art. 18, IV) e sanção (art. 52, V) até que a infração seja regularizada. Eliminação, por sua vez, é o fim das operações com o dado pessoal ou com o conjunto de dados, excluindo-os do poder ou posse do agente de tratamento. É também considerado um direito do titular se verificada a desnecessidade, o excesso ou a desconformidade do tratamento (art. 18, IV) ou se o titular tiver revogado o consentimento e essa for a base legal utilizada, sendo possível a manutenção do dado nas hipóteses do art. 16 (art. 18, VI).

Definição também digna de nota é a de transferência internacional de dados pessoais. A uma das operações possíveis com os dados pessoais e é destacada pela lei, no inc. XV do art. 5º , e nos arts. 33 a 36 justamente pela existência de um risco adicional específico: a possibilidade de que os dados pessoais sejam tratados em território de país estrangeiro ou por organismo internacional sem o mesmo nível de proteção dado pela LGPD, como se detalhará nos comentários aos respectivos artigos. Como qualquer operação de tratamento, para fins legais, só será assim considerada se envolver dados pessoais. Não se aplica a LGPD à transferência de dados anônimos ou anonimizados.

Igualmente o uso do termo "para" sinaliza que a LGPD considera como transferência internacional a operação de movimentação dos dados a partir do território nacional e não a operação em que o dado pessoal é aqui recebido. A lógica é simples. Se há a disciplina da transferência se dá pela preocupação com o nível de proteção fora do território nacional, não há porque separar em categoria e disciplina própria a operação de recebimento de dados no País, a qual é regulada pela LGPD como qualquer operação.

Ainda, vale mencionar um documento importante na rotina dos tratamentos de dados pessoais, o Relatório de Impacto à Proteção de Dados Pessoais. O Relatório de Impacto à Proteção de Dados Pessoais – RIPD (*Data Protection Impact Assessment*) é considerado uma boa prática em relação à proteção de dados pessoais sempre que o tratamento de dados puder gerar riscos às liberdades civis e aos direitos fundamentais, devendo ser incorporado nas providências de governança em privacidade.

De responsabilidade do controlador, consiste em um instrumento documentado pelo qual são registrados os tratamentos de dados pessoais, suas finalidades e circunstâncias e, especialmente, as medidas ou processos adotados para a mitigação de riscos. Embora não seja comum, não há nada que impeça que o operador também elabore estudo semelhante como boa prática dentro de sua realidade de operação, porém, claro, respeitando as finalidades, os limites e as circunstâncias definidas pelo controlador que atende.

A ideia é que o instrumento, em ponderação a todos os valores em jogo, reflita um estudo interno dedicado sobre o tratamento de dados, de modo a demonstrar o comprometimento, documentado, do controlador com a avaliação constante das operações que realiza e dos níveis de privacidade esperados.

Nesse sentido e embora o instrumento seja de natureza contextual, pois associado à realidade, à cultura e ao contexto do controlador, deve conter por exemplo (i) os tipos de dados tratados e respectivos métodos; (ii) as operações vinculadas; (iii) a compatibilidade das finalidades e bases legais eleitas com os dados pessoais utilizados, sendo tratados apenas aqueles necessários ao cumprimento das finalidades escolhidas; e (iv) os riscos de segurança existentes e as medidas técnicas e administrativas adotadas para mitigá-los. Além disso, é importante, sempre que possível, que o estudo seja feito antes do início do tratamento de forma preventiva e versando sobre todos os ciclos de vida dos dados. Igualmente, recomenda-se que o instrumento seja revisto e atualizado com a frequência necessária, demonstrando o compromisso recorrente do controlador em possui um estudo dedicado e espelhado na realidade em que se insere.

Embora recomendável, a LGPD não traz, expressamente, a obrigatoriedade de elaboração do relatório de impacto pelo controlador, embora mencione o instrumento nos arts. 4º, § 3º, 5º, XVII, 10, § 3º, 32, 38 e 55-J, XII. Não é, a priori, portanto, direito subjetivo do titular a ser por esse exigido individualmente ou, por exemplo, por meio de ação judicial coletiva.

Por fim, é importante sinalizar a definição da Autoridade Nacional de Proteção de Dados – ANPD (art. 5º, XIX). Define a ANPD como o órgão da administração pública responsável por zelar, implementar e fiscalizar o cumprimento desta lei em todo território nacional. Segue a experiência estrangeira, sobretudo do GDPR que prevê a existência e independência, nos termos do regulamento, das autoridades de cada estado-membro da União Europeia.

3.6 Princípios (art. 6º)

Sobre a definição do que pode ser considerado um princípio, convida o leitor a verificar o que foi dito no item 2.2. do livro. Porém, em relação à LGPD, os princípios assumem funções ainda mais decisivas.

A primeira função seria a de determinação vinculante. Os princípios trazem conteúdos e determinações a serem sempre buscados no tratamento de dados pessoais no País. Os princípios da LGPD trazem orientações vinculantes sobre como os textos e regulações relacionados às operações de dados pessoais devem ser interpretados e aplicados, de modo que nenhuma atividade interpretativa ou aplicativa pode ser feita sem considerar todos os conteúdos do art. 6º. Servem como verdadeiras bases de tomada de decisão pelos agentes de tratamento. Assim, por exemplo, em todo e qualquer tratamento deve ser feita a identificação de finalidades legítimas, específicas, explícitas e informadas (princípio da finalidade) e deve sem afastadas práticas discriminatórias negativas (princípio da não discriminação).

A segunda função seria a de integração e completude do sistema normativo da LGPD. Ausentes textos ou regulações específicas sobre determinada situação concreta associada ao tratamento de dados pessoais, a amplitude e conteúdo dos princípios da LGPD permitem sempre uma solução, ao menos inicial, para o problema concreto. Evita-se, com isso, um maior número de lacunas e, em decorrência, uma maior insegurança jurídica aos agentes envolvidos.

A terceira função, intimamente ligada às duas primeiras, seria a de promover a sobrevivência viável da LGPD enquanto texto normativo. O conteúdo aberto e amplo dos princípios permite que esses e, por consequência, a LGPD sobrevivam ao longo do tempo, adaptando-os por meio de interpretações que se ajustem à contemporaneidade. Essa ausência de rigidez legal, portanto, confere à LGPD uma potencial perenidade ao longo do tempo, podendo posicioná-la como um documento de regulação que amadureça junto à evolução das situações sociais, algo tão relevante, sobretudo, se o tema de tecnologias da informação está presente. Evita-se desatualizações e rupturas que, pela imposição natural da realidade, resultariam em manifestos problemas de regulação e insegurança jurídica.

Por fim, uma quarta função possível seria a de viabilizar a mais completa aplicabilidade e fiscalização da LGPD. Tendo como premissa uma realidade social multidisciplinar, altamente complexa e com negócios e atividades empresariais cada vez mais customizados, qualquer modelo de regulação que adote textos rígidos ou tente exaurir todas as situações de fato possíveis parece que falharia. Fatalmente, uma série de situações práticas deixariam de ser reguladas, gerando insegurança jurídica e lacunas de fiscalização, cuja consequência direta é o prejuízo nos objetivos buscados (liberdade, privacidade e proteção à personalidade). Os princípios, assim e como visto, ao diminuir o número de situações sem solução ou orientação normativa comportamental, também, por isso, viabilizam uma maior cobertura regulatória, por assim dizer.

O primeiro princípio é o da boa-fé. pode passar desapercebido, pois não elencado de forma direta nos incisos do art. 6º. Isso, porém, não afasta sua condição e importância.

Embora não haja expressa menção à qual natureza de boa-fé se trata, parece que a LGPD traz como princípio a boa-fé objetiva, quer dizer, aquela avaliada objetivamente a partir do comportamento das partes envolvidas em eventual relação e não das suas intenções. Essa conclusão parece que pode ser extraída da própria lógica da LGPD que regula a atividade dos agentes de tratamento e os seus comportamentos no tratamento dos dados pessoais, bem como das experiências similares no País (como no caso do CDC) e do amadurecimento do tema no ordenamento, com destaque para a boa-fé contratual objetiva do Código Civil (arts. 113 e 422) e do próprio Código de Processo Civil (art. 5º).

Essa opção principal do legislador, porém, parece não perdoar ou ignorar o agente de tratamento que atue com má-intenção (em violação à boa-fé subjetiva). A má-intenção acaba sendo aferida em outras oportunidades de desvio ilegais, como no caso do controlador que intencionalmente, verificado o contexto, não atua com transparência ou propositalmente trata os dados pessoais em desvio à finalidade informada (violando o princípio da adequação).

Estabelecida essa premissa, a boa-fé objetiva traz um dever de retidão e lealdade comportamental pelo agente de tratamento, agregando-lhe uma série de deveres anexos, tais como: (i) o dever de cuidado em relação à outra parte negocial; (ii) o dever de respeito; (iii) o dever de informação; (iv) o dever de agir conforme a confiança depositada; (v) o dever de lealdade e probidade (honestidade); (vi) o dever de cooperação e (vii) o dever de evitar comportamentos imprevisíveis ou contraditórios aos comportamentos esperados ou realizados anteriormente. Boa parte desses deveres, por lógica, são extraídos de outras disposições da LGPD inclusive.

Também agrega a necessidade de observância dos deveres de retidão e lealdade comportamental por parte do próprio titular ou de quem o represente. Isso, por exemplo, pode fundamentar o abuso de direito (art. 187 do CC) do titular que utilizar dos direitos que a LGPD lhe confere para fins não pensados pela própria lei. Seriam ilícitas, nessa perspectiva, as posturas de titulares que, de forma reiterada e desarrazoada, encaminham requisições ao controlador em clara atitude de tumulto. Ou, o caso do titular que propositalmente muda o e-mail pelo qual faz a solicitação, em relação àquele de cadastro com o agente, na tentativa de dificultar a resposta ou identificar intencionalmente alguma falha na confirmação de identidade. Ainda são posturas que falham em relação à boa fé, aquelas que fazem da LGPD um fundamento de negócio puro e simples, com a promoção reiterada e descabida de ações judiciais.

No inc. I do art. 6º, a LGPD traz outro princípio basilar do seu regime de regulação: o princípio da finalidade. Orienta todo e qualquer tratamento de dados pessoais feito, bem como cada uma das tomadas de decisões associadas.

É a principal norma que determina a definição de um propósito legítimo e apto a justificar o tratamento legal de dados pessoais, bem como que esse seja devida e completamente informado ao titular. Seu conteúdo determina, assim, que o controlador defina um quadro de propósito dentro do qual e pelo qual o tratamento será realizado. Como princípio, exige a existência de um fim específico para cada operação com o dado pessoal, sempre e para qualquer situação. É, certamente, uma das normas que melhor representa a mudança de vetor em prol da proteção de dados pessoais, determinando que esses não sejam mais tratados à revelia do titular, sem qualquer escopo e com a lógica do "coleta e armazena tudo", mas sim com uma finalidade definida, específica e conhecida.

Mas não são quaisquer finalidades ou quadros de propósito que autorizam o tratamento de dados pessoais. De forma cumulativa, os propósitos precisam ser legítimos, específicos, explícitos e informados ao titular. São esses os requisitos legais que traduzem finalidades permitidas e a transparência necessária sobre o tratamento a cumprir com os objetivos legais de liberdade, privacidade e proteção à personalidade.

Propósitos legítimos podem ser entendidos como porquês realmente justificáveis, identificados esses a partir do contexto do tratamento. Podem ser entendidos, por exemplo, a partir das bases legais de tratamento (v.g. exercício do contrato com o titular ou cumprimento de obrigação legal ou regulatória) ou mesmo a partir de outras situações extraídas do ordenamento jurídico. Além disso, propósitos manifestamente ilegais ou ímprobos (pautados esses últimos no conteúdo de eventual desonestidade do controlador), inclusive se a ilegalidade decorrer da própria LGPD (v.g. tratamento para fins discriminatórios negativos), também devem ser considerados ilegítimos, sob pena de gerar clara incongruência sistêmica.

Propósitos específicos são aqueles identificados com precisão e delimitação adequada, com uma relação de justificativa lógica para o tratamento, permitindo inclusive a avaliação quanto à própria legitimidade da finalidade adotada. A ideia da especificidade do propósito, na essência, impede que o tratamento seja feito para fins genéricos e altamente abertos, com motivos que serviriam para justificar toda e qualquer operação de dados pessoais. A LGPD espera que o agente saiba exatamente o que faz com os dados pessoais que trata. Menções simplesmente genéricas e sem qualquer contexto que as justifiquem, como "melhorar a experiência do usuário" ou "prestar melhor serviço", não preenchem o requisito de especificidade.

Propósitos explícitos são aqueles devidamente indicados e expressados pelo controlador. O princípio da finalidade determina que esse, de forma clara e verdadeira, explicite os porquês que o tratamento de dados pessoais é feito. A ideia de que propósitos poderiam ser meramente deduzíveis a partir do tratamento e seu contexto ou que eles podem ser implicitamente entendidos é contrária a tal preceito. Obscuridades, imprecisões, subjetividades ou a identificação de porquês a partir de nuances ou interpretações forçadas vão de encontro ao estado ideal das coisas determinado pela LGPD.

Por fim, propósitos informados são aqueles levados ao titular do dado pessoal de forma clara, adequada, com acesso facilitado (art. 9º) e com o máximo das suas circunstâncias. Traduz, na finalidade, o princípio da transparência e a relação de confiança que deve existir entre o controlador e o titular de dados pessoais. Não basta o controlador ter uma finalidade absolutamente legítima, específica e explícita, se essa não é levada ao conhecimento do titular para que esse saiba o porquê que seu dado é tratado e, eventualmente e se pertinente, exercer seus direitos (art. 18).

O aviso de privacidade no site do controlador, completo, desenhado e palatável tem papel fundamental no cumprimento desse preceito. Aliás, é um grande exemplo do quanto um princípio pode significar na tomada de decisão do agente de tratamento: fazer um aviso de privacidade longo e que o texto prevaleça ou fazer um aviso de privacidade com elementos visuais e links navegáveis que represente uma verdadeira experiência de aprendizado sobre os porquês do tratamento? Certamente, a segunda opção.

No inc. II, traz o princípio da adequação que está, a rigor, no próprio conteúdo do princípio da finalidade. O que o inciso II propõe é o reforço da ideia de que a finalidade do tratamento deve ser estritamente observada e respeitada, de modo que, observado e avaliado o contexto concreto, o tratamento não pode ser realizado para propósitos outros que não aqueles informados ao titular do dado, sob pena de violação clara da relação de confiança estabelecida com a informação prévia, esvaziando-se essa última. A finalidade real ou do dia a dia deve corresponder a finalidade informada ao titular.

A inadequação ou a incompatibilidade, assim, entre a finalidade informada e o real porquê do tratamento é realizado revela que a transparência anterior foi meramente formal, falseada da realidade. O princípio do adequado tem a função, assim, de reforçar o caráter material da finalidade e de sua informação ao titular, reiterando o conteúdo do inc. I de que o tratamento deve estar vinculado ao propósito levado a conhecimento do titular, sob pena de ilegalidade.

Também corolário do princípio da finalidade, a LGPD traz o princípio da necessidade (art. 6º, III). Identificado o propósito da operação dos dados pessoais (v.g. coleta, compartilhamento, armazenamento, transferência internacional etc.), determina que apenas os dados pessoais pertinentes, proporcionais e não excessivos devem ser envolvidos nessa operação. Circunstâncias essas que devem ser avaliadas concretamente de acordo com o contexto da relação tratamento e finalidade. Traz a ideia de *data minimisation* de modo que o tratamento de dados deve se limitar ao mínimo necessário para a realização da sua finalidade. Portanto, é imprescindível a identificação de quais dados pessoais são necessários, para que se trabalhe estritamente com esses. A mesma avaliação deve ser em relação às espécies de dados necessárias, evitando-se, por exemplo, a utilização de um dado sensível se esse não se faz necessário ou um dado biométrico se outro dado sensível já atenda à finalidade definida.

No inc. IV, o art. 6º traz o princípio do livre acesso que é inerente à própria existência de um regime legal de proteção de dados pessoais. Como visto, institui-se um regime de proteção de dados pessoais objetivando a promoção dos direitos de liberdade, de privacidade e de personalidade. Para tanto, as normas jurídicas dispostas na LGPD, como ramificações de um mesmo tronco central, derivam de uma necessária relação de transparência e de confiança entre os agentes de tratamento e os titulares de dados pessoais.

Assim, para que essa dinâmica funcione de forma virtuosa, é imprescindível a determinação de que o titular possa ter todas as informações necessárias sobre o tratamento dos seus dados. Esse é o conteúdo do princípio do livre acesso: a promoção pela busca constante de um estado ideal das coisas em que seja garantido ao titular o acesso às informações sobre *como* o tratamento é feito (os dados pessoais, as finalidades, todas as operações envolvidas e circunstâncias) e *por quanto tempo* o tratamento é realizado.

O conteúdo do princípio ganha outros contornos relevantes ao longo do texto legal. É o caso dos arts. 9º. O dispositivo prevê que, além da consulta facilitada e gratuita, o titular tem direito de acesso

> [...]às informações sobre o tratamento de seus dados, que deverão ser disponibilizadas de forma clara, adequada e ostensiva acerca de, entre outras características previstas em regulamentação para o atendimento do princípio do livre acesso: I – finalidade específica do tratamento; II – forma e duração do tratamento, observados os segredos comercial e industrial; III – identificação do controlador; IV – informações de contato do controlador; V – informações acerca do uso compartilhado de dados pelo controlador e a finalidade; VI – responsabilidades

> dos agentes que realizarão o tratamento; e VII – direitos do titular, com menção explícita aos direitos contidos no art. 18 desta Lei.

Nessa lógica, ganha especial relevância a estruturação, pelo controlador, de um canal de atendimento aos direitos dos titulares.

Vale também mencionar o art. 19 que traça requisitos sobre a *forma* da confirmação da existência ou do acesso a dados pessoais, de modo que esses serão providenciados

> I – em formato simplificado, imediatamente; ou II – por meio de declaração clara e completa, que indique a origem dos dados, a inexistência de registro, os critérios utilizados e a finalidade do tratamento, observados os segredos comercial e industrial, fornecida no prazo de até 15 (quinze) dias, contado da data do requerimento do titular.

Na sequência, traz o princípio da qualidade dos dados, no inc. V do art. 6º. Reconhece a realidade de riscos e possíveis prejuízos que os titulares de dados pessoais possam sofrer pelo tratamento de dados pessoais errados, imprecisos, confusos ou desatualizados. Inclusive, a depender do contexto os riscos e prejuízos estão verdadeiramente associados aos direitos fundamentais do titular. O princípio da qualidade dos dados propõe essa relação de correspondência entre o tratamento e a realidade a fim de mitigar riscos e evitar prejuízos decorrentes de uma divergência nesse aspecto. Os exemplos são muitos: (i) a imprecisão quanto à condição econômica do indivíduo; (ii) se ele arca ou não com seus compromissos financeiros; (iii) se possui ou não antecedentes criminais; (iv) se é filiado ou não a determinado partido político; e (v) se goza ou não de alguma condição de saúde específica (v.g. portador de uma doença ou não).

Outro princípio é o da transparência (inc. VI, art. 6º). É importantíssimo o ideal de transparência, traduzido em norma principiológica, decorre da própria existência de um regime legal de proteção de dados pessoais que objetiva a promoção dos direitos de liberdade, de privacidade e de personalidade.

A tutela desses direitos fundamentais depende diretamente de uma atividade de tratamento que goze da máxima transparência possível, ou seja, que seja capaz, em todas as etapas em que isso for pertinente, de levar ao titular dos dados o conhecimento sobre quem é ou são os agentes de tratamento envolvidos e as características das operações. É essa transparência que permite ao titular entender a legalidade, a legitimidade, a finalidade e a segurança do tratamento dos seus dados, com eventuais opacidades ou falta de clareza apenas presentes nas situações estritamente justificáveis, como no caso de segredos comerciais ou industriais.

Esse é conteúdo do princípio da transparência: a promoção de um estado ideal das coisas em que o máximo das informações possíveis sobre o tratamento dos dados pessoais seja passado ao titular do dado, de forma clara, precisa e acessível, sendo permitido um espaço de ausência de informação ao titular apenas nos casos de segredo comercial ou industrial ou nos casos em que, tomando por base a realidade e o contexto do tratamento, isso não se mostre possível mesmo com esforços demonstrados do agente de tratamento e sua boa-fé.

A LGPD também detalha esse conteúdo em alguns de seus dispositivos que acabam por servir de verdadeiros guias iniciais de como, sobretudo o controlador, pode traduzir o princípio da transparência da prática. São destaques nesse ponto e devem ser também considerados os arts. 9º, 18 e 19 da lei. O art. 9º, em especial, vai dizer que:

> O titular tem direito ao acesso facilitado às informações sobre o tratamento de seus dados, que deverão ser disponibilizadas de forma clara, adequada e ostensiva acerca de, entre outras características previstas em regulamentação para o atendimento do princípio do livre acesso: I – finalidade específica do tratamento; II – forma e duração do tratamento, observados os segredos comercial e industrial; III – identificação do controlador; IV – informações de contato do controlador; V – informações acerca do uso compartilhado de dados pelo controlador e a finalidade; VI – responsabilidades dos agentes que realizarão o tratamento; e VII – direitos do titular, com menção explícita aos direitos contidos no art. 18 desta Lei.

A transparência exigida pela LGPD, assim, passa por cumprir tais requisitos de forma atenta.

Igualmente, como mais uma manifestação da realidade contextual da atividade e sua fiscalização, é sempre importante considerar os critérios de proporcionalidade e efetividade. O grau de transparência deve ser adotado e avaliado de forma proporcional ao tratamento dos dados pessoais (o que é tratado, para qual finalidade, quais os riscos envolvidos, qual o volume de dados etc.). Não é possível entender que, em termos práticos, a transparência em relação ao tratamento de dados pessoais e ao tratamento de dados pessoais sensíveis será a mesma, considerando a sensibilidade e os riscos envolvidos. Além disso, é importante que se busque a máxima efetividade no acesso às informações, considerando o contexto do tratamento e, sobretudo, o perfil do titular do dado.

Além disso, o princípio da transparência deve se manifestar em posturas proativas do controlador ou em resposta a solicitações que receba. Assim, o controlador não só deve se adiantar disponibilizando um aviso de privacidade que transpareça todas as informações do tratamento de dados pessoais, como também deve se portar com o máximo de transparência diante das requisições de titulares (art. 18) ou de autoridades (ANPD, SENACON, Ministério Público etc.) nos procedimentos pertinentes. Ressalvam-se, mais uma vez, os casos de segredo comercial ou industrial ou nos casos em que, tomando por base a realidade e o contexto do tratamento, isso não se mostre possível mesmo com esforços demonstrados do agente de tratamento e sua boa-fé.

A LGPD também lembra da importância fundamental que a segurança tem para que seus objetivos sejam atingidos. Trabalha, então, com os princípios da segurança e da prevenção (incs. VII e VIII do art. 6º). Introduz, no âmbito da proteção de dados pessoais, a necessidade de respeito aos pilares de segurança da informação reconhecidos internacionalmente. Segurança da Informação é a disciplina direcionada, como o nome sugere, para proteger as informações, mitigando riscos, potencializando o retorno de investimentos e a manutenção da continuidade dos negócios. Portanto, traz pilares voltados para a proteção das informações nas suas mais diversas formas: física, digital, verbal ou escrita. Por sua vez, o princípio da prevenção tem relação direta com a ideia de segurança e reforça a determinação de que os agentes de tratamento têm o dever legal de adotar todas as posturas, diretrizes, medidas e comportamentos para prevenir e evitar ao máximo que os titulares sofram danos em seus direitos por decorrência do tratamento de dados pessoais. Isso deve ser feito desde a concepção das atividades que envolvem o tratamento até o seu final.

No inc. X, trabalha o princípio da não discriminação. Reconhece que, se, por um lado, as variadas operações de tratamento de dados pessoais têm proporcionado o desenvolvimento e o crescimento profícuo da economia e dos negócios, por outro, possibilitam atividades discriminatórias ilícitas e abusivas. O risco se perfaz, sobretudo, pela obtenção de dados em número cada vez maior de fontes, pela velocidade cada vez maior de processamento e cruzamento desses dados e pelo volume de informações tratadas cada vez mais crescente. Esse cenário possibilita atividades e resultados de estigmatização (colocação de estigmas em pessoas específicas ou grupos específicos) ou discriminatórias. Isso pode ocorrer, por exemplo, (i) pela criação ou atribuição de estereótipos (classificação de pessoas), ou (ii) pela limitação ou restrição de direitos (segregação de pessoas).

O conteúdo do princípio da não discriminação determina a busca por um estado ideal das coisas da plena ausência de tratamento de dados pessoais, automatizados ou não, que objetivem ou, ainda que de forma não intencional, resultem na discriminação, tornando ilegais os tratamentos com esse perfil.

Por fim, como última norma principiológica do rol do art. 6º, a LGPD traz o princípio da responsabilização e da prestação de contas. Seu conteúdo determina que não basta o agente de tratamento buscar seguir a legislação ou adotar procedimentos meramente formais, ele será fiscalizado, cobrado e responsabilizado (no caso de descumprimento) se não adotar medidas materialmente efetivas ou se não conseguir demonstrar tal efetividade. quanto à responsabilidade civil.

3.7 Bases legais de tratamento (arts. 7º a 14)

A LGPD, na linha de seus documentos estrangeiros antecessores, com destaque para o GDPR, adota um sistema de base legais de tratamento que se desenvolve em ecossistema. Assim faz no art. 7º, no art. 11 e, também, de forma mais objetiva nos arts. 14 e 23.

As bases legais de tratamento são os porquês, motivações legais ou motivos legitimantes que autorizam, na LGPD, o tratamento de dados pelo agente e tal ecossistema objetiva dar conteúdo e traduzir, em fins prático-jurídicos, os ideais de autodeterminação informativa e de liberdade positiva da proteção de dados pessoais do titular, com seu controle e poder de decisão sobre tais informações, pois representam a manifestação da sua personalidade.

O consentimento é o grande instituto jurídico que permite esse controle e poder de decisão, até por isso são previstos requisitos legais para que sua verificação prática seja confirmada e se tenha a segurança da manifestação positiva do titular concorda ou consente com o tratamento, sua finalidade e circunstâncias. Porém, o regime legal, de forma realista, bem reconhece outras bases ou justificativas que legitimam o tratamento (as operações) com dados pessoais, ainda que o consentimento não tenha sido obtido.

Assim, ou se identifica alguma motivação legal que autorize o agente de tratamento a operar o dado sem o consentimento do titular ou tal autorização precisará ser buscada. Na ausência de base legal de tratamento, as operações serão ilícitas, seja porque o titular não concordou (ausência ou falha no consentimento) seja porque nenhuma das hipóteses que dispensava sua concordância (demais bases legais) está presente. A ilegalidade do tratamento no sistema de bases legais adotado pela LGPD, assim, confirma a proteção à liberdade positiva e à ideia de controle. Em outras palavras, exige-se a identificação de uma base legal, sob pena da ilicitude do tratamento, porque o titular deve estar no controle de seus dados. Além disso, concernente à própria lógica conjunta trazida pelos princípios da finalidade e da adequação, identificada a base legal o tratamento deve ser realizado de forma vinculada e adequada à tal justificativa.

Em alguns casos, há a possibilidade de que mais de uma base legal possa ser associada ao tratamento do dado pessoal, como comumente acontece na coleta de dados dos colaboradores para cumprimento de obrigação legal ou regulatória (art. 7º, I) e para executar o próprio contrato de trabalho (art. 7º, V). Embora isso possa ocorrer e demonstrar uma dupla ou tripla motivação para a operação dos dados pessoais, isso não é uma situação necessária. Basta a identificação de uma base legal.

Nessa lógica, são quatro as situações possíveis, três legais e ajustadas à liberdade positiva e uma não: (i) o titular, que tem de estar no controle dos dados, não consentiu, mas o tratamento não é realizado (legalidade pela ausência de tratamento); (ii) o titular, que tem de estar no controle dos dados, consentiu com o tratamento nos termos legais (legalidade pelo consentimento); (iii) o titular, que tem de estar no controle dos dados, não consentiu, mas está presente outra base legal (legalidade pela excepcionalidade das demais bases legais que autorizam o tratamento sem o consentimento do titular); e (iv) o titular, que tem de estar no controle dos dados, não consentiu, não estão presentes outras bases legais e o tratamento é realizado (ilegalidade por violar o controle dos dados pelo titular e sua liberdade positiva, sem hipóteses excepcionais de autorização – demais bases legais de tratamento). Cruzando as possibilidades práticas, portanto, verifica-se que a ilegalidade está na violação do exercício de controle dos dados pessoais pelos seus titulares.

Considerando a dinâmica posta, em que a autodeterminação informativa e a liberdade positiva do titular são as premissas e que o regime de proteção de dados pessoais se estabelece com a previsão legal de motivos legitimantes para o tratamento, inclusive, com 9 deles excepcionando o consentimento e o controle do titular, o rol do art. 7º da LGPD é taxativo.

Por um lado, como visto no item precedente, isso significa que o tratamento de dados pessoais será ilícito se nenhuma das situações elencadas no art. 7º estiver presente. Por outro lado, embora a taxatividade impeça que outras hipóteses além das elencadas possam ser utilizadas para autorizar operações com dados pessoais, essa mesma taxativa não impede a interpretação adequada de cada uma das hipóteses que, como se observa, tem conteúdos mais abertos muitas vezes. A presença ou não do motivo legitimante deve se dar de forma contextual e concreta. Até porque, como a atividade de tratamento é manifestamente prática e contextual, a LGPD em vários momentos assim reconhece, como acontece com a previsão dos princípios ou mesmo no entendimento se o dado é pessoal ou não.

Dito isso, seguindo o raciocínio lógico do ecossistema de bases legais de tratamento, em valorização aos direitos de autodeterminação informativa e liberdade positiva, a primeira base ou motivo legitimante é o consentimento do próprio titular de dados pessoais.

Atendidos os requisitos legais (que visam traduzir a manifestação de vontade não viciada, informada e de concordância do titular), o tratamento de dados pessoais é possível, ainda que o controlador (e, por consequência, o operador em seu nome) não seja capaz de identificar qualquer outra base legal. A grande questão posta na prática, porém, é que o consentimento completo e em conformidade com a LGPD pode ser algo mais difícil de se obter, razão pela qual é sempre importante ponderar a identificação de quaisquer das outras bases relacionadas no art. 7º, mitigando o risco de um tratamento ilícito em que se apostou no consentimento e esse não foi alcançado.

Como já tratado, o consentimento é caracterizado pela manifestação livre, informada e inequívoca. Manifestação de vontade livre é aquela em que se verifica a garantia de opção e liberdade de escolha por parte do titular. Cabe apenas a ele decidir pelo sim ou pelo não, se concorda ou não com o tratamento de seus dados para a finalidade determinada, sem que sua manifestação seja viciada de qualquer forma, aplicando-se aqui à lógica dos vícios de vontade do Código Civil (arts. 104 e ss.). Manifestação de vontade informada é aquela em que o titular recebeu todas as informações necessárias para poder decidir se concorda ou não com o tratamento de dados pessoais, tais como: quais dados estão envolvidos, por quanto tempo os dados serão tratados, eventualmente com quem os dados serão compartilhados e qual a finalidade específica do tratamento. Manifestação de vontade inequívoca, por sua vez, pode ser entendida em duas acepções, cumprindo o controlador buscá-las concomitantemente por cautela. Por um lado, a manifestação inequívoca pode ser aquela em que há certeza plena e de forma clara que o titular autorizou o tratamento, não restando dúvidas se o consentimento existiu ou não. Se caracteriza, nessa perspectiva, pela manifestação positiva do titular, cumprindo ao controlador manter os registros probatórios de que essa postura positiva de concordância foi obtida, como, por exemplo, declarações por escrito, assinaturas em termos de consentimento, sinalizações positivas em botões ou *links* nas páginas de internet, e-mails de resposta, preenchimento de formulários etc. Posturas negativas ou omissivas do titular em que ele simplesmente não questiona o tratamento ou em que não altera configurações de concordância pré-aprovadas não podem ser consideradas como consentimento. Por outro lado, a manifestação inequívoca pode ser entendida como aquela manifestação não equivocada, quer dizer, aquela em que fica claro que o titular não tinha qualquer dúvida sobre o que consentiu, passando pelas garantias anteriores de que a manifestação foi livre e informada. Aliás, considerando a característica de "informada" posta antes do texto do inciso XII, do art. 5º, é provável que o legislador não tenha desejado ser redundante e tenha, de fato, adotado apenas a acepção de "inequívoca" enquanto manifestação positiva, dado que uma manifestação informada é aquela também livre de dúvidas. De todo modo, diante da possível ambiguidade, a cautela se impõe.

A segunda base legal de tratamento para os dados não sensíveis é a motivação de cumprimento de obrigação legal ou regulatória pelo controlador. Tal situação está em grande parte das situações, em especial pelo pródigo ecossistema regulatório nacional, essa base legal autoriza o controlador e o operador a seu serviço a tratarem dados pessoais se a finalidade do tratamento for para atendimento de determinação legal (leis federais, estaduais ou municipais) ou regulatória (textos normativos de regulação administrativa: decretos, resoluções, instruções normativas, comunicados, atos de agentes administrativos, circulares, comunicados etc.).

Como acontece em relação a todas as bases legais, a autorização para o tratamento está condicionada à vinculação do tratamento de dados pessoais à finalidade específica de cumprimento legal ou regulatório. Qualquer desvio dessa finalidade ou ampliação indevida do que precisa ser cumprido ou do que a lei ou a regulação determina torna o tratamento descoberto por essa base. Isso, porém, deve ser avaliado contextualmente.

Como terceira base, pertencente especificamente à Administração Pública, é a execução de políticas públicas (art. 7º, III), o que dialoga com as previsões dos arts. 23 e ss.

A terceira base é pertinente às operações de tratamento para estudo dos órgãos de pesquisa. Órgão de pesquisa, conforme definição do art. 5º, é o órgão ou entidade pública ou privada, regularmente constituída e com sede no País, sem fins lucrativos e que tenha como objetivo institucional ou social a realização de pesquisa básica ou aplicada de caráter histórico, científico, tecnológico ou estatístico. Assim, qualquer estudo de pesquisa básica ou aplicada está autorizado por meio dessa base, da qual apenas pode se valer o próprio órgão de pesquisa como controlador dos dados pessoais.

Sempre que possível, a LGPD recomenda que os dados sejam anonimizados de modo que não possam mais identificar imediata ou mediatamente alguém. Pela locução sempre que possível a recomendação deve ser entendida no sentido de que os dados devem ser mantidos como pessoais apenas nas situações em que essa condição for imprescindível para a pesquisa, ou seja, essa não pode ser feita de outra forma ou terá grandes prejuízos em seus resultados se os sujeitos não forem individualizados. Em muitas oportunidades, por exemplo, verifica-se que levantamentos estatísticos são suficientes para a pesquisa.

A quinta base de também enorme aplicabilidade prática é se o tratamento de dados pessoais é "necessário para a execução de contrato ou de procedimentos preliminares relacionados a contrato do qual seja parte o titular, a pedido do titular dos dados;" (art. 7º, V). Se o tratamento dos dados pessoais for necessário para o cumprimento de obrigações contratuais firmadas com o próprio titular dos dados pessoais, o controlador poderá fazê-lo de forma autorizada por essa base legal de tratamento de dados.

Permite-se o tratamento dos dados pessoais justamente porque esses são necessários para que as obrigações contratuais de ambas as partes possam ser cumpridas (de qualquer natureza) ou, em outras palavras, tais obrigações não podem ser viabilizadas, em termos práticos, sem tais dados. Assim, a base legal apenas base para esses dados e passa a ser cada vez mais relevante que os contratos definam seus escopos com clareza e, também, na medida do possível, definam os dados necessários. Se ficar demonstrado contextualmente que há o tratamento de dados pessoais excessivos a essa finalidade, o tratamento pode ser considerado como inadequado (vale aqui a lógica dos princípios da finalidade, da adequação e da necessidade).

Essa mesma ideia se aplica em relação aos procedimentos preliminares de tal contrato, ainda que o contrato não venha a ser firmado. São variadas as situações em que é necessário o tratamento de dados pessoais antes da contratação, ficando autorizadas as operações com dados pessoais que sejam efetivamente necessários para tais etapas preliminares. Nesse caso, também, o excesso pode, contextualmente, significar a inadequação.

Como sexta situação autorizadora (art. 7º, VI), A LGPD permite que os dados pessoais sejam tratados (coletados, armazenamentos, compartilhados com entidades públicas ou privadas etc.) se a finalidade desse tratamento for o exercício regular de direitos do agente de tratamento (controlador ou operador), seja em processo judicial, administrativo ou arbitral.

É um dos momentos em que a LGPD revalida, em plano infraconstitucional, os princípios constitucionais do Acesso à Justiça e do devido processo legal e seus coronários do contraditório e da ampla defesa (art. 5º, XXXV, LIV e LV, da CF). Trabalha, assim, de forma equilibrada e a evitar a inconstitucionalidade, de modo a impedir que a proteção dos dados pessoais sirva como empecilho ao exercício de direitos subjetivos. A exceção evita a situação de toda absurda em que uma parte não poderia demandar judicialmente a outra, porque o tratamento dos dados pessoais necessários da petição inicial não seria autorizado.

Na sequência (art. 7º, VII e VIII), a LGPD trabalha com a proteção da vida e a tutela da saúde. Ponderando os valores e direitos em jogo, a LGPD permite que os dados pessoais sejam tratados se esse tratamento for necessário para a proteção da vida ou da incolumidade física do titular ou de terceiros (v.g. dados da mãe necessários para a proteção da vida do filho). São hipóteses excepcionais, de modo que a base de dados deve ser utilizada apenas nas situações de fato em que forem verificadas. Além disso, em relação à tutela da saúde, são compreendidos todos os procedimentos necessários para a proteção da saúde dos titulares ou de terceiros e que impliquem o tratamento de dados para essa exclusiva finalidade, realizados por profissionais de saúde, em serviços de saúde ou por autoridade sanitária. A configuração da base legal e sua utilização como motivo legitimante do tratamento de dados pessoais dependem da presença, cumulativa, de dois requisitos: (i) que os dados sejam necessários para o procedimento de tutela da saúde, quer dizer, esse procedimento não pode ser feito ou atingir os mesmos resultados sem os dados; e (ii) o procedimento é feito por profissionais da área da saúde ou autoridades sanitárias (médicos, enfermeiros, farmacêuticos, médicos veterinários, educadores físicos, fisioterapeutas, terapeutas ocupacionais etc.) ou para serviços de saúde (estabelecimentos destinados a promover a saúde do indivíduo, protegê-lo de doenças e agravos, prevenir e limitar os danos a ele causados e reabilitá-lo quando sua capacidade física, psíquica ou social for afetada).

No inc. IX do art. 7º a LGPD trabalha com outra base de muita utilidade prática, mas, por outro lado, de difícil implementação: o legítimo interesse. dependente de atualizações práticas e do acompanhamento constante e cuidadoso dos posicionamentos da ANPD, das Cortes Brasileiras e dos demais órgãos de controle se chamados a atuar no tema (v.g. Ministério Público) sobre as situações em que o legítimo interesse estará ou não caracterizado. Mesmo o art. 10 não limita completamente seu conceito, optando o legislador por não trazer uma definição estanque. Traz duas possibilidades indicativas em seus incs. I e II, mas em rol aberto e exemplificativo.

Neste momento, então, é importante tentar encontrar quais as principais balizas ou requisitos possíveis (na lei e na prática) para definir, ao máximo, o conteúdo da motivação legitimante que autoriza o controlador a tratar os dados pessoais independentemente de qualquer outra das bases relacionadas no art. 7º, o que se tentará fazer nos itens abaixo e, também, nos comentários ao art. 10. O fato do conteúdo da base legal ser aberto não a torna completamente irrestrita a autorizar, de qualquer forma, o tratamento dos dados pessoais. Com as balizas ou requisitos propostos parece ser possível, ao menos, colocar o conteúdo legítimo interesse em um quadro mínimo do que deve ser observado. Há um espaço contextual de liberdade, mas, repisa-se, não irrestrito.

De certa forma, pode se dizer que a base legal do legítimo interesse talvez seja a que mais represente a ideia da LGPD de estabelecer, na medida do possível, uma dinâmica de regulação equilibrada, entre a ausência completa de regulação (indesejável pelos direitos fundamentais envolvidos nos tratamentos de dados pessoais – ver art. 1º) e uma regulação sufocante que impeça o desenvolvimento dos negócios. A identificação cuidadosa e responsável do legítimo interesse, por meio das balizas discorridas nos próximos itens, revela uma possibilidade de desenvolvimento equilibrado das atividades em proteção aos direitos fundamentais envolvidos.

E, justamente em razão da amplitude do conteúdo da base legal, o que, por natureza, pode significar um maior risco ao tratamento de dados pessoais envolvidos, a LGPD espera do agente de tratamento um cuidado e uma postura diligente ainda maior quanto às operações que realiza. Isso é aferido, sobretudo, da previsão do art. 37, segundo o qual: "Art. 37. O controlador e o operador devem manter registro das operações de tratamento de dados pessoais que realizarem, especialmente quando baseado no legítimo interesse.".

Por fim, ainda em relação às bases legais para tratamento de dados pessoais não sensíveis, traz o inc. X, do art. 7º, a proteção ao crédito. O tratamento de dados pessoais é cada vez mais importante para o sistema de proteção de crédito, inclusive com a utilização de soluções automatizadas. Dados financeiros ou com informações do histórico de adimplemento e inadimplemento têm sido decisivos em avaliações e análises de crédito mais precisas e, sobretudo, na manutenção de um ecossistema saudável e funcional. Fez bem a LGPD, então, em prever a proteção do crédito como base legal, autorizando o tratamento de dados para essa estrita finalidade. Além disso, deve ser observada a legislação específica, no caso, com destaque para a Lei de Cadastro Positivo (Lei nº 12.414/2011) e o próprio CDC.

Feitas essas considerações, vale menção às bases legais para o tratamento de dados pessoais sensíveis, que são aquelas do art. 11:

> Art. 11. O tratamento de dados pessoais sensíveis somente poderá ocorrer nas seguintes hipóteses: I – quando o titular ou seu responsável legal consentir, de forma específica e destacada, para finalidades específicas; II – sem fornecimento de consentimento do titular, nas hipóteses em que for indispensável para: a) cumprimento de obrigação legal ou regulatória pelo controlador; b) tratamento compartilhado de dados necessários à execução, pela administração pública, de políticas públicas previstas em leis ou regulamentos; c) realização de estudos por órgão de pesquisa, garantida, sempre que possível, a anonimização dos dados pessoais sensíveis; d) exercício regular de direitos, inclusive em contrato e em processo judicial, administrativo e arbitral, este último nos termos da Lei nº 9.307, de 23 de setembro de 1996 (Lei de Arbitragem); e) proteção da vida ou da incolumidade física do titular ou de terceiro; ou f) tutela da saúde, exclusivamente, em procedimento realizado por profissionais de saúde, serviços de saúde ou autoridade sanitária; ou g) garantia da prevenção à fraude e à segurança do titular, nos processos de identificação e autenticação de cadastro em sistemas eletrônicos, resguardados os direitos mencionados no art. 9º desta Lei e exceto no caso de prevalecerem

direitos e liberdades fundamentais do titular que exijam a proteção dos dados pessoais.

Em relação aos dados de crianças e adolescentes, a LGPD, também preocupada com o maior risco, quanto aos dados de crianças, exige o consentimento específico no art. 14, § 1º: "§ 1º O tratamento de dados pessoais de crianças deverá ser realizado com o consentimento específico e em destaque dado por pelo menos um dos pais ou pelo responsável legal.".

3.8 Direitos dos titulares (art. 18)

A regulação da LGPD como um todo tem por objetivo a proteção daqueles que são identificados a partir dos dados pessoais. O art. 18, porém, é ainda mais específico e relaciona direitos que o titular pode exercer junto ao controlador e que, no final de contas, acaba por absorver a regulação que existe ao seu favor.

Os direitos relacionados no art. 18 constituem direitos subjetivos dos titulares de dados pessoais.

O direito objetivo, em linhas gerais, é o conjunto de normas que regulam determinados comportamentos humanos de forma abstrata e genérica. O direito subjetivo, por sua vez, é aquele atribuído a determinados indivíduos, a grupos ou à coletividade, após verificada a correspondência entre fatos ligados a esses sujeitos e as hipóteses dispostas previamente no direito objetivo. Ou seja, o direito objetivo é pressuposto do direito subjetivo que é atribuído a uma pessoa de forma particular (titular do dado pessoal tratado), a qual se enquadra faticamente na situação prevista em lei.

O direito subjetivo pode ser apreendido, então, pelo resultado do alinhamento entre as normas extraídas das regras e princípios que compõe o direito objetivo e as situações de fato que envolvem determinadas pessoas ou determinada coletividade. O direito subjetivo é compreendido nesse instante de coincidência ou subsunção[24]. São direitos, portanto, conferidos aos titulares de dados pessoais a partir do instante em que estão identificados nessa condição, podendo, na sequência, exercê-los. Caso contrário, ausente tal premissa condicionante não tem a pessoa natural direito a ser exercido. É o caso, por exemplo, da pessoa que busca em juízo a reparação contra agente que não trata ou tratava seus dados pessoais.

Quanto às formas de exercício, Os titulares podem exercer seus direitos mediante requisição direta em face do controlador (art. 18, *caput*), sendo muito importante a existência de um canal para tanto (ver item 6 abaixo), junto à ANPD (art. 18, § 1º), pelos organismos de defesa do consumidor (se a relação de consumo estiver presente – art. 18, § 8º) ou diretamente (de forma individual ou pelos mecanismos procedimentais de tutela coletiva – art. 22).

Em relação aos direitos em si, o art. 18 destaca:

- *a confirmação da existência de tratamento* que traduz o direito do titular de saber se os seus dados pessoais são ou não tratados, para qualquer finalidade, pela organização. Sem qualquer justificativa, todo titular tem o direito de meramente confirmar a existência de tratamento de seus dados pessoais, o que decorre, sobretudo, do próprio princípio da transparência (art. 6º, VI);
- *o acesso aos dados pessoais* ou seja, acesso aos dados cuja confirmação de tratamento foi feita. O agente de tratamento, então, deve fornecer os dados e prestar todas as informações pertinentes ao tratamento (finalidade, categorias, origem, uso compartilhados, duração etc. – ver demais arts. sobre transparência e livre acesso), preservados apenas os segredos comerciais e in-

24 ENGISCH, Karl. *Introdução ao pensamento jurídico*, trad. J. Baptista Machado, 9. ed., Lisboa: Fundação Calouste Gulbenkian, 2004, p. 41 e 44

dustriais. Inclusive, os dados pessoais "serão armazenados em formato que favoreça o exercício" desse direito (art. 19, § 1º);

- *a correção de dados incompletos, inexatos ou desatualizados* é o direito do titular de fazer valer o princípio da qualidade dos dados pessoais, já que, como se lembra, a LGPD reconhece a realidade de riscos e possíveis prejuízos que os titulares de dados pessoais possam sofrer pelo tratamento de dados pessoais errados, imprecisos, confusos ou desatualizados. Inclusive, a depender do contexto os riscos e prejuízos estão verdadeiramente associados aos direitos fundamentais do titular;
- *a anonimização, o bloqueio ou a eliminação dos dados desnecessários, excessivos ou tratados em desconformidade com o disposto na lei* no caso de demonstrada a desnecessidade ou excesso de algum dado em relação à finalidade do tratamento, ou que o tratamento descumpre de qualquer forma a LGPD, tem o titular o direito à anonimização, bloqueio ou eliminação dos dados pessoais relacionados a desnecessidade, ao excesso ou à desconformidade;
- *a portabilidade dos dados* que traduz o direito do titular de que seus dados pessoais sejam transferidos de um organização controladora dos dados para outra;
- *a eliminação dos dados pessoais tratados com o consentimento* nos casos em que a base legal que respalda o tratamento de dados pessoais for o consentimento, tem o titular o direito de revogá-lo;
- *a informação das entidades públicas e privadas com os quais o controlador realizou uso compartilhado de dados*;
- *a informação sobre a possibilidade de não fornecer consentimento e sobre as consequências da negativa* nas situações em que o tratamento de dados pessoais dependa da obtenção do consentimento do titular, tem esse o direito a saber que ele pode não o

fornecer, mas também precisa ter a visibilidade de todas as consequências possíveis caso não consinta com o tratamento; e

- *a revogação do consentimento.*

3.9 Transferência internacional de dados pessoais (arts. 33 e ss.)

O Capítulo V da LGPD é dedicado às situações de tratamento em que há a transferência internacional de dados pessoais. A transferência internacional de dados pessoais é uma das operações possíveis com os dados pessoais e tem destaque em capítulo próprio, justamente pela existência de um risco adicional específico que tal operação agrega: a possibilidade de que os dados pessoais sejam tratados em território de país estrangeiro ou por organismo internacional sem o mesmo nível de proteção dado pela LGPD. É considerada como transferência internacional de dados pessoais a movimentação dos dados a partir do território nacional e não a operação de movimentação em que o dado é recebido.

Como exemplos de transferência internacional de dados pessoais, podem ser citadas as seguintes situações: (i) o armazenamento de dados pessoais em servidores ou data centers localizados em território estrangeiro, como no caso da utilização de soluções em nuvem; (ii) utilização de provedor de e-mail estrangeiro; (iii) compartilhamento de dados pessoais entre empresas do mesmo grupo em que alguma delas é localizada em território estrangeiro; e (iv) a utilização de algum aplicativo ou plataforma de interação com o cliente que se vale de ambiente localizado em território estrangeiro para desenvolvimento.

A LGPD também traz bases legais de autorização específicas para que a transferência seja possível (art. 33).

No inc. I, é autorizada a transferência para países ou organismos internacionais que proporcionem grau de proteção de dados pessoais adequado ao previsto nesta lei. A hipótese trazida no inc. I é, certamente, a que mais reflete toda a lógica de regulação específica da transferência internacional de dados pessoais: justamente buscar o mesmo nível de proteção de dados pessoais, seja em normas ou em regulações setoriais. Vale dizer que essa dinâmica representa mais uma influência clara do modelo europeu, em especial do GDPR.

Essa avaliação sobre o grau adequado de proteção será feita pela ANPD, seguindo os critérios do art. 34. O tema ainda será regulado pela ANPD que poderá, por exemplo, identificar como essa avaliação terá início (de ofício ou a pedido de interessado, por exemplo), criar espaço em seu sítio com os países ou organismos internacionais já avaliados positiva ou negativamente, e, ainda, trazer maior previsibilidade de tempo para posicionamento pela autoridade. Inclusive, considerando a referida influência da Europa na matéria, não será improvável se ANPD também entender que países já validados em relação ao GDPR também sejam considerados como adequados para a LGPD. Seriam os casos, por exemplo, da Argentina, do Canadá, do Uruguai e do Japão.

No inc. II, autoriza a transferência "quando o controlador oferecer e comprovar garantias de cumprimento dos princípios, dos direitos do titular e do regime de proteção de dados previstos nesta Lei, na forma de: a) cláusulas contratuais específicas para determinada transferência; b) cláusulas-padrão contratuais; c) normas corporativas globais; d) selos, certificados e códigos de conduta regularmente emitidos". Enquanto o inc. I trata do reconhecimento amplo e genérico do nível de proteção pela ANPD, o inc. II será verificado de forma concreta, caso a caso, conforme parâmetros postos no art. 35. Mais uma vez, nesse ponto, se releva a importância da regulação da ANPD de como e em quanto tempo isso será feito. Até lá, é razoável admitir que, na pendência da regulação, e considerando a especificidade das demais hipóteses (incs. I e III a IX), os agentes de tratamento e as operações de dados pessoais que dependam da transferência internacional não sejam prejudicados.

A primeira forma do controlador comprovar garantia de cumprimento à LGPD é por meio de cláusulas contratuais específicas que discipline a transferência de dados pessoais. O conteúdo e forma de validação e revalidação (em caso de alteração posterior) pela ANPD ainda não estão detalhados na lei e dependem de regulação e trato pela autoridade nacional. A LGPD apenas traz balizas amplas e genéricas que tais cláusulas devem respeitar os princípios, os direitos do titular e o regime de proteção de dados previstos na lei.

A segunda forma é por meio das chamadas cláusulas-padrão contratuais. São cláusulas-modelo preparadas e pensadas pela própria ANPD ou adotadas por essa em importação de experiências estrangeiras. Nesse ponto, a experiência europeia deve ser, mais uma vez, de grande influência. No direito europeu, tais cláusulas recebem a denominação de *Standard Contractual Clauses* – SCCs e são disponibilizadas de forma on-line. A exemplo, recentemente a Comissão Europeia emitiu novo documento com tais cláusulas . Outra diretriz relevante é que, provavelmente, a ANPD irá determinar que essas cláusulas-modelo deverão ser adotadas de forma integral pelo controlador e que esse pode acrescentar outras disposições de ordem comercial, desde que coerentes e em respeito com as cláusulas definidas pela autoridade. O ICO – *Informaton Commissioner's Office* do Reino Unido, por exemplo, segue esse entendimento.

A terceira forma de o controlador garantir o nível de proteção é por meio de normas corporativas globais ou, como chamadas no direito europeu, as *Binding Corporate Rules* – BCRs lá pensadas para empresas do mesmo grupo econômico. Essa ideia deve ser replicada também no Brasil. O tema também será objeto de regulação pela ANPD, mas no regime do GDPR se uma empresa do mesmo grupo consegue aprovaçao da cláusula perante a autoridade que se submete, pode então transferir dados entre empresas do mesmo grupo. Assim como nas hipóteses anteriores, qualquer alteração da norma aprovada, se espera que a ANPD defina a necessidade de revalidação.

A quarta forma é a apresentação de certificações apresentadas à ANPD e entendidas, por essa, como adequada. Esses parâmetros ainda não foram definidos e serão objeto de regulação, mas a ideia é trazer uma espécie de presunção de proteção adequada nos casos em que o controlador no Brasil e o agente de destino dos dados em território estrangeiro tenham as certificações reconhecidas pela autoridade.

No inc. III, autoriza a transferência se esta "for necessária para a cooperação jurídica internacional entre órgãos públicos de inteligência, de investigação e de persecução, de acordo com os instrumentos de direito internacional;". No inc. IV, "quando a transferência for necessária para a proteção da vida ou da incolumidade física do titular ou de terceiro;" e no inc. V, de forma aberta, "quando a autoridade nacional autorizar a transferência;". Esta hipótese é aberta e permite de forma ampla a avaliação e autorização da ANPD em relação a transferências internacionais específicas. Uma vez mais, a regulação pela autoridade será importante não só para entender o alcance de tal possibilidade como também a forma de a exercer. Além disso, se seguir a experiência do direito europeu e o regime do GDPR, faz sentido aplicá-la como uma possibilidade em situações excepcionais ou não habituais até para não a tornar como hipótese de regra, esvaziando os demais incisos.

Ainda vale menção às hipóteses descritas nos incs. VI a IX:

> VI – quando a transferência resultar em compromisso assumido em acordo de cooperação internacional;
> VII – quando a transferência for necessária para a execução de política pública ou atribuição legal do serviço público, sendo dada publicidade nos termos

do inciso I do *caput* do art. 23 desta Lei; VIII - quando o titular tiver fornecido o seu consentimento específico e em destaque para a transferência, com informação prévia sobre o caráter internacional da operação, distinguindo claramente esta de outras finalidades; ou IX - quando necessário para atender as hipóteses previstas nos incisos II, V e VI do art. 7º desta Lei.

3.10 Dinâmica de responsabilização (arts. 42 e ss.)

Prevê a LGPD que o controlador ou o operador que causa dano patrimonial ou moral, individual ou coletivo, por conta da violação do que seu texto prevê, é obrigado a repará-lo. Traz, no seu texto, a responsabilidade civil (art. 42 e ss.) e a administrativa (art. 52), não cuida de responsabilidade penal. O art. 42 reafirma, assim, hipótese específica de ato ilícito responsabilizável (arts. 186, 187, 927 e ss. do CC) que, se caracterizada, faz surgir a pretensão indenizatória do prejudicado, seja individual, seja coletiva (ver comentários a seguir). Traz regra de responsabilidade civil extracontratual e que não exclui, pontualmente, responsabilidades previstas em contrato entre agentes ou mesmo junto aos titulares de dados pessoais.

É de se observar que a LGPD não altera os regimes de responsabilidade civil (objetiva ou subjetiva) previstos no ordenamento jurídico. À relação de tratamento de dados pessoais, será aplicável o regime próprio de responsabilidade da relação jurídica que a ela é vinculada ou adjacente, somadas as previsões da LGPD que dirão as situações em que os agentes serão ou não responsáveis.

Assim, por exemplo, nos tratamentos de dados vinculados a relações de consumo, a responsabilidade remanesce objetiva (arts. 12 e 14 do CDC), conforme sinaliza expressamente, inclusive, o art.

45. Da mesma forma, deve ser aplicado o regime próprio de responsabilidade do empregador em relação ao tratamento de dados do empregado.

Por outro lado e pela mesma motivação lógica, ausente o reconhecimento da responsabilidade objetiva, a regra de responsabilidade subjetiva do ordenamento jurídico brasileiro deverá prevalecer também para o tratamento de dados pessoais, dado que a LGPD nada diz em contrário. É o caso, por exemplo, de danos decorrentes das operações de dados pessoais envolvidos em contratos de prestadores de serviço em que a relação é eminentemente de ordem patrimonial.

Se o dano tiver caráter patrimonial, o controlador ou o operador dos dados pessoais é obrigado a repará-lo. Como dano patrimonial deve ser entendido aquele caracterizado pelo prejuízo causado ao patrimônio de alguém, compreendidos nessa categoria de dano, os danos emergentes (as perdas efetivas em razão do ato ilícito) e os lucros cessantes (o que a vítima deixou de ganhar por conta do ato ilícito), conforme disciplina do art. 402 do CC. Se quaisquer dessas situações ocorrerem em decorrência do tratamento de dados pessoais, em violação à legislação de proteção de dados pessoais (sendo essa a condição de ilicitude do ato para justificar a responsabilização e o que faz ele se consolidar como ato ilícito, nos termos dos arts. 186 e 187 do CC), surge o dever de reparar o dano, observadas as cláusulas excludentes do art. 43.

Questão entre as mais sensíveis quanto à responsabilidade civil decorrente da LGPD está na possibilidade ou não de caracterização do dano moral e, sobretudo, do chamado dano moral *in re ipsa.*

Dano moral, por exclusão, pode ser entendido como qualquer prejuízo, danificação ou abalo consistente que alguém sofre fora de sua esfera material ou patrimonial. Quer dizer, qualquer prejuízo que não tenha valor econômico para o indivíduo. Foi considerando a possibilidade de violação dessa ordem que a Constituição Federal, o ordenamento infraconstitucional brasileiro e, agora, o art. 42 da LGPD admitiram sua possibilidade.

Assim, como premissa, o tratamento de dados pessoais que viole a legislação de proteção de dados é apto a gerar o dano moral e desde que não se caracterize como mero aborrecimento inerente à vida cotidiana do indivíduo, situação essa que, nos termos da jurisprudência consolidada brasileira, não é suficiente, por si, para caracterizar o dano extrapatrimonial.

Essa possibilidade de abalo moral decorre, justamente, do fato, já comentado, de que os dados pessoais se caracterizam como uma das formas de manifestação da personalidade do indivíduo. Como consequência, portanto, a violação de tal legislação protetiva pode resultar na constituição do dever de reparar para o controlador ou operador, observada toda a disciplina própria de responsabilidade, conforme demais comentários feitos nos demais itens. O dever de reparar ou de indenizar, sim, tem caráter econômico e, na prática, resulta no pagamento de valor em dinheiro pelo agente causador do ato ilícito à vítima desse.

Diante dessa discrepância entre as naturezas do dano (não patrimonial) e do ressarcimento (patrimonial), surge com dificuldade a definição do valor suficiente, correto ou justo de indenizatório, competindo à literatura jurídica e à jurisprudência nacional delimitar as principais balizas ou critérios aptos à tal valoração. Podem ser citados a natureza específica do ato ilícito ou da ofensa realizada, a intensidade concreta ou efetiva verificada, a repercussão no meio social em que a vítima está inserida, a existência de intenção ou dolo, má-fé ou culpa, eventuais medidas mitigatórias para cessar o dano ou mitigar os prejuízos e as situações em que o dano moral possa ser presumido (dano moral *in re ipsa*).

Dito isso, em regra, compete ao prejudicado comprovar a existência do dano moral sofrido, de modo que, sem tal demonstração, qualquer demanda indenizatória nasce infundada. Ao fazer tais alegações, sobretudo na esfera judicial, compete ao prejudicado indicar os abalos sofridos em sua esfera extrapatrimonial e trazer os elementos probatórios mínimos que respaldem tais indicações. Pondera-se aqui, claro, a possibilidade de inversão do ônus da prova (ver itens 12 e seguintes na sequência) que deve atender aos seus pressupostos e ser reconhecida, de forma fundamentada, no momento procedimental específico.

Nesse sentido, cumpre repisar que é de se esperar que aquele que se sinta prejudicado comprove (i) o tratamento dos seus dados pessoais por parte do demandado (sob pena de aplicação da excludente do art. 43, I); (ii) a violação à legislação de proteção de dados pessoais (sob pena de aplicação da excludente do art. 43, II) – esses dois primeiros fatos que são necessários para demonstrar a conduta ilícita e o nexo causal a justificar a eventual responsabilidade civil –; (iii) os elementos fáticos que sustentam os porquês associados ao abalo que alega; (iv) que a situação não se caracteriza como mero aborrecimento ou incômodo, indesejável, mas inerente à vida cotidiana em sociedade, mas sim, atinge a personalidade; e (iv) as balizas possíveis de calibragem à definição do quantum indenizatório.

Questão jurídica ainda mais sensível, nessa esfera, diz respeito à possibilidade ou não da caracterização do chamado dano moral *in re ipsa* ou do dano moral presumido, ou seja, aquele dano moral aceito como ocorrido em razão da situação e suas circunstâncias. São situações que, por si só e a partir da experiência humana e social média, demonstram a existência do abalo na esfera do indivíduo e que, também, como sinalizado, ultrapassam situações de mero incômodo ou aborrecimento.

A jurisprudência brasileira, inclusive, nesse aspecto, tem tratado do tema de forma casuística, como não poderia deixar de ser. Só a partir da empírica extraída do STJ, há situações em que o danos moral *in re ipsa* é assim entendido (v.g. inscrição indevida em cadastro negativo de crédito, negativa indevida de cobertura pelo plano de saúde, uso indevido da marca) e outras que apenas se caracterizam como mero aborrecimento (v.g. mero inadimplemento ou descumprimento contratual, simples desconto indevido de valores em conta corrente bancária, a simples omissão de socorro em acidente de trânsito, simples demora da baixa do gravame de alienação fiduciária, atraso de entrega de imóvel ao promitente-comprador). E mesmo nesses casos, qualquer proposta de definição estanque do tema, ao que parece, nasce falha, dado que o caso concreto e a partir dos elementos de prova acima, as circunstâncias práticas podem revelar situação de presunção do dano.

Assim, considerando os pontos probatórios necessários e mencionados nos parágrafos anteriores, o dano moral *in re ipsa* ou presumido elimina, a priori, a necessidade de demonstração dos elementos fáticos que sustentam os porquês associados ao abalo alegado à personalidade, pois esse, em razão da situação por si só e da experiência comum humana e social média, já está presumido. O tratamento dos dados pessoais pelo demandado, a violação à legislação de proteção de dados pessoais, a não condição de mero aborrecimento e as balizas possíveis de calibragem à definição do quantum continuam demandando a elaboração probatória pelo prejudicado (remanescendo a possibilidade de inversão do ônus probatório). Se se fala que o dano moral *in re ipsa* independe de prova, assim, não se fala de um dano moral automático, mas um dano moral que dispensa apenas e tão somente a prova de que o abalo à personalidade ocorreu, remanescendo a necessidade de prova dos demais itens comentados anteriormente.

Na matéria específica de proteção de dados pessoais, decisões judiciais isoladas têm trazido à tona a questão, ora admitindo o dano moral presumido, ora não, a depender das circunstâncias e do posicionamento do juízo responsável.

Feitas essas considerações e sem qualquer pretensão de exaurir o tema, em relação à LGPD, parece ser possível concluir que: (i) tanto o dano moral como o dano moral *in re ipsa* são possíveis em decorrência da violação da disciplina de proteção de dados pessoais; (ii) em regra, compete ao prejudicado comprovar que o agente de tratamento demandado tratou os dados pessoais; (iii) em regra, compete ao prejudicado demonstrar como o agente de tratamento demandado violou a legislação de proteção de dados pessoais; (iv) em regra compete ao prejudicado demonstrar os elementos de prova que sustentam porquês sobre os quais fundamenta o abalo sofrido em sua personalidade e que isso não constituiu mero aborrecimento ou incômodo da vida social cotidiana (quer dizer, demonstrar o que há de efetivo dano); (v) de forma excepcional, algumas situações podem caracterizar o dano moral *in re ipsa* a partir da LGPD, competindo à literatura jurídica e à jurisprudência brasileira identificá-las com o tempo a partir da correspondência dessas situações à experiência humana e social comum; e (vi) caracterizado o dano moral *in re ipsa* nos termos do item v, esse, em regra e salvo em caso de inversão expressa do ônus da prova, não afasta a necessidade do prejudicado demonstrar que o agente demandado realizou o tratamento e violou a legislação de proteção de dados pessoais, mas relativiza a necessidade de demonstrar os elementos de prova que sustentam porquês sobre os quais fundamenta o abalo sofrido, pois apenas esse último é presumido como algo que aconteceu.

A LGPD também prevê a regra da responsabilidade solidária dos agentes envolvidos conjuntamente no tratamento de dados originador de danos ao titular, observado o previsto nos arts. 42 a

45. Segue-se, nesse caso, o regime de solidariedade passiva previsto nos arts. 264 a 266 e 275 a 285 do CC, remanescendo o exercício do direito de regresso (art. 42, § 4º). Inclusive, se o tratamento de dados causar dano e tiver o envolvimento de operador, esse será solidariamente responsável (inc. I, §1º) se descumprir as obrigações prevista na LGPD ou quando não tiver seguido as instruções lícitas do controlador.

Por fim, vale mencionar as causas excludentes de ilicitude previstas no art. 43 da LGPD:

> "Art. 43. Os agentes de tratamento só não serão responsabilizados quando provarem: I - que não realizaram o tratamento de dados pessoais que lhes é atribuído; II - que, embora tenham realizado o tratamento de dados pessoais que lhes é atribuído, não houve violação à legislação de proteção de dados; ou III - que o dano é decorrente de culpa exclusiva do titular dos dados ou de terceiro.".

3.11 Incidente de privacidade

O art. 46 da LGPD trata do que se pode chamar de incidente de privacidade. Embora a LGPD pudesse ter inserido uma definição específica nesse sentido em seu art. 5º, acaba por trazer tal conceito de forma indireta no dispositivo.

Constitui incidente de privacidade, assim, qualquer episódio, de qualquer tamanho, projeção, contexto ou relevância, em que os dados pessoais tratados pelo agente são acessados de forma não autorizada ou que sejam destruídos, perdidos, alterados ou comunicados por situações acidentais ou ilícitas, ou que passem por qualquer forma de tratamento inadequado ou ilícito.

A redação do artigo incorpora os principais pilares de segurança da informação: confidencialidade, integridade e disponibilidade. Confidencialidade traz a ideia de que o acesso aos dados deve ser restrito a quem, de fato, precise acessá-los para o desenvolvimento de suas atividades e, no contexto da LGPD, para exercício da finalidade determinada pelo controlador. O acesso não autorizado, assim, é o principal exemplo de prejuízo à confidencialidade. Integridade traz a ideia de que os dados precisam ser conservados de forma íntegra, sem qualquer alteração, seja os considerando individualmente, seja os considerando em conjunto estruturado. A ideia é que o valor da informação extraída do dado depende justamente de sua condição de matéria-prima íntegra, razão pela qual essa qualidade precisa ser sempre preservada. O próprio princípio da qualidade dos dados (art. 6º, V) traz essa noção em seu conteúdo. E, por fim, disponibilidade traz a ideia de que os dados pessoais permaneçam disponíveis, quer dizer, acessíveis para quem deles precise.

Dessa forma, ao dizer que os dados devem ser protegidos de acessos não autorizados ou de comunicações acidentais ou ilícitas parece querer dizer que a confidencialidade deve ser preservada. Ao dizer que os dados devem ser protegidos de situações de destruição, perda ou alteração parece querer dizer que a integridade e a disponibilidade devem ser preservadas. Além disso, para afastar qualquer dúvida de que os dados pessoais precisam ser protegidos, avança de forma aberta e estabelece que devem ser evitados todas e quaisquer situações de tratamento inadequado ou ilícito. Ou seja, todas as situações de vetor contrário ou diferente aos vetores trazidos pela LGPD.

O conceito, portanto, é manifestamente amplo e protetivo. Incidente de privacidade, portanto, vale reiterar, é qualquer episódio incidental de um programa contínuo de governança em privacidade. Planeja-se um programa para que a segurança dos dados pessoais seja preservada. O incidente é um ponto fora da curva desse programa. Deve ser, assim, uma exceção no dia a dia das organizações.

Incorpora uma série incontável de situações que transitam de episódios mais simples, como do envio de e-mail por engano para endereço que não deveria ter acesso aos dados pessoais da mensagem, até os conhecidos grandes vazamentos de dados pessoais cada vez mais frequentes em cenário nacional. Vazamento de dados e incidente de privacidade não são, portanto, sinônimos.

O incidente de privacidade é um incidente de segurança da informação. O inverso não é verdadeiro. Nem todo incidente de segurança será um incidente de privacidade. Esse último apenas ocorrerá se dados pessoais estiverem comprometidos no contexto do evento e nas formas de comprometimento definidas pelo *caput* do art. 46. Por isso, em qualquer episódio, é extremamente relevante uma leitura cuidadosa se à proteção de dados pessoais está em risco ou não. Deve a organização se perguntar, na ordem, se (i) houve incidente, (ii) se é um incidente de segurança, e (iii) se é um incidente de privacidade.

O incidente de privacidade também não se confunde com as situações corriqueiras do dia a dia e que estão associadas apenas a questões técnicas de funcionalidade de ferramentas de tecnologia. O mau funcionamento de dispositivos ou soluções, que apenas demandem o suporte das áreas responsáveis, mas não impliquem as situações do *caput* do art. 46, não são incidentes de privacidade.

Quanto às medidas preventivas que podem ser adotadas, a rigor, diante do conceito amplo de incidente de privacidade, toda e qualquer medida adotada pelo agente em prol da sua conformidade com a LGPD pode ser considerada como uma medida preventiva. Assim, todos os procedimentos e boas práticas de segurança e governança (art. 50) são providências vocacionadas também para prevenir a ocorrência de incidentes, alguns, inclusive, objetivamente direcionadas para tanto, como no caso da elaboração de um plano de resposta e remediação a incidentes (art. 50, § 2º, I, *g*).

Dito isso, algumas medidas preventivas para evitar incidentes ou para melhor lidar com eles caso ocorram podem ser citadas: (i) o correto e maduro mapeamento dos riscos decorrentes das atividades do agente; (ii) o registro ou o conhecimento das operações e rotinas que realiza com dados pessoais; (iii) a existência de formulários e canais céleres e efetivos de comunicação de possíveis incidentes, bem como o fluxo de trato do tema, de modo a viabilizar o trato rápido do tema; (iv) a identificação prévia e designação de um comitê de crise que será imediatamente formado na ocorrência do incidente de privacidade, com a disciplina criteriosa dos riscos e, com isso, de quais os incidentes que demandarão a reunião do grupo; (v) na medida do possível, a homologação prévia de parceiros que atuarão em apoio à situação do incidente (apoio técnico, apoio de investigação, apoio jurídico, apoio de comunicação etc.); (vi) a estruturação, no alcance que for possível, de textos de comunicação aos titulares e às autoridades, se for o caso de fazê-lo; (vii) a adoção de medidas técnicas e administrativas de segurança da informação, que não só protejam o ambiente de situações de origem externa, mas que eduquem e disciplinem a atuação diária dos funcionários e colaboradores da organização (políticas, comunicações e treinamentos); (viii) a contratação de seguro de risco cibernético que, embora não previna o incidente em si, pode mitigar os riscos, sobretudo financeiros, à organização; e (ix) a realização de simulações práticas de incidentes, de modo a treinar os responsáveis para lidar de forma efetiva com o evento.

Ocorrido o incidente, algumas medidas podem ser adotadas na sequência: (i) cumprir, obviamente, com o plano de remediação, se esse existir; (ii) entendimento se o episódio se trata, de fato, de uma incidente de privacidade envolvendo dados pessoais tratados pela organização; (iii) identificação dos dados pessoais efetivamente comprometidos; (iii) o acionamento das pessoas responsáveis, conforme definido na disciplina de governança de cada organização (incluindo o Encarregado), inclusive com a imediata formação do comitê de crise caso esse exista; (iv) investigação e identificação das causas do incidente, com a preservação de todas as evidências necessárias, iniciando, se for o caso, a imediata contenção das vulnerabilidades relacionadas para mitigação de riscos e danos; (v) comunicação imediata do sinistro à seguradora, se o um seguro de risco cibernético for contratado sob pena da perda da indenização; (vi) início de monitoramento web, nas diversas camadas (*surface e deep web*) a fim de verificar eventual exposição e danos em relação aos dados comprometidos; (vii) elaboração de um estudo de gravidade do incidente; (viii) se for o caso, comunicar a ANPD, outras entidades administrativas e setoriais; (ix) se for o caso, comunicar os titulares dos dados pessoais comprometidos; (x) envolvimento das áreas de comunicação e relações públicas da organização para elaboração de nota reativa à imprensa, se o fato for publicizado; (xi) elaboração de script ou roteiro para as áreas de atendimento da organização para que estejam preparadas para esclarecer aos questionamentos recebidos de forma segura e assertiva; (xii) preparo de comunicado interno de esclarecimento e orientação dos profissionais da organização sobre o ocorrido; (xiii) adoção das medidas de investigação e responsabilização dos agentes envolvidos, como, por exemplo, a promoção da medida prevista no art. 22 do Marco Civil da Internet; (xiv) criação de uma seção no site ou um portal de transparência específico para explicar todos os pontos do incidente; e (xv) se o agente for companhia aberta, fazer a comunicação de fato relevante nos termos das Instruções Normativas da CVM.

3.12 Segurança e boas práticas de governança em privacidade

Como faz em muitas outras oportunidades, a LGPD reforça a importância de que a privacidade e a proteção de dados pessoais sejam nortes diários de toda e qualquer rotina dos agentes de tratamento. O texto legal, assim, apenas reconhece uma realidade já comentada em outras oportunidades: os pilares de segurança da informação e organização são absolutamente fundamentais para que as chances de cumprir seu objetivo sejam potencializadas.

Assim, ao falar em boas práticas e governança, a lei espera que o agente de tratamento, em cada tarefa, rotina, prática, postura ou decisão, ou seja, em tudo que faz na prática, procure mitigar os riscos decorrentes do tratamento de dados pessoais. A boa prática esperada, portanto, é aquela direcionada à proteção de dados pessoais e à privacidade. A má prática que, *a contrario sensu*, resulta na desconformidade ou no descumprimento da norma do art. 50, é aquela de vetor contrário, ou seja, que potencializa os riscos do tratamento, seja de forma intencional, seja de forma culposa (práticas imprudentes, imperitas ou negligentes).

Seguindo o escopo deste livro, a seguir, relaciona-se alguns exemplos de boas práticas: (i) a existência de políticas de segurança da informação e privacidade, condizentes com a realidade, alinhadas com as normas técnicas pertinentes e aptas a orientar o trato dos temas internamente, com aplicação efetiva; (ii) a incorporação dos temas de privacidade e proteção de dados pessoais no código de conduta da organização; (iii) a adoção do *Privacy by Design* já comentado em todas as rotinas; (iv) a utilização de gamificação nos processos de implementação e aprendizado; (v) a adequação dos contratos, com o monitoramento e controle constantes de que os textos refletem a realidade dos tratamentos de dados feitos; (vi) a existência de um Comitê de Privacidade capaz de trazer multidisciplinariedade e pertencimento às mais diversas áreas da organização; (vii) a instituição de multiplicadores das diretrizes de privacidade (v.g. *privacy champions* ou embaixadores de privacidade) responsáveis por replicar os temas e apoiar as lideranças nas respectivas áreas; (viii) a adoção das chamadas métricas de desempenho ou também conhecidas como *Key Performance Indications* – KPIs, aptas a monitorar a eficiência contínua do programa de privacidade e o que precisa ser ajustado (devem ter capacidade de repetição a permitir a comparação de momentos anteriores; devem conter indicadores de sucesso do modelo específico de negócio, como a satisfação dos consumidores; precisam ser condizentes com o público-alvo de medição; devem ser objetivas, dimensionáveis e alcançáveis; os resultados devem ser transparentes para fomentar a adesão; precisam contar com papéis definidos de sua execução); (ix) a adoção, se possível, das técnicas de anonimização e pseudoanonimização; (x) a realização frequente de *backups;* (xi) medidas técnicas de segurança; (xii) a existência de canais de denúncia de descumprimento efetivos (inclusive com mecanismos consistentes de filtro), anônimos e que assegurem o *feedback* dos relatos feitos; (xiii) a utilização de tokenização com o envio de token e não do dado pessoal em si; (xiv) fazer a gestão de vulnerabilidades (não só a atualização constante de *softwares*); (xv) a existência de áreas separadas de tecnologia da informação e segurança da informação, ambas com agendas frequentes com a alta administração; (xvi) monitoramento constante de *logs*; (xvii) realização de testes de penetração; (xviii) monitoramento de *surface e deep web*; e (xix) toda gestão de incidentes de privacidade (ver art. 46), de modo a assegurar o amadurecimento constante da organização no tema.

4 ASPECTOS DA RESOLUÇÃO DE CONFLITOS

Tratar do tema da tecnologia da informação associado às estruturas jurídicas postas representa sempre um caminho que desperta a curiosidade e, em nossa opinião, perfaz uma jornada profundamente prazerosa. Poucos são os temas que colocam o Direito frente a frente com si mesmo, promovendo, em analogia, uma verdadeira catarse ou liberação psíquica de suas estruturas. As tecnologias da informação também alteram profundamente a forma como as resoluções dos conflitos sociais se desenvolvem e, na sequência, se procurará trazer os principais aspectos do tema.

4.1 O Acesso à Justiça e as tecnologias

O Acesso à Justiça é construído a partir de dimensões, cada uma delas pensada na promoção de algum ponto de falha ou na relativização de uma barreira à evolução dos meios de resolução de conflito. A primeira relacionada à evolução dos meios de redução de custos dos meios de resolução de conflito, a segunda associada aos direitos transindividuais, a terceira propondo a reunião dos mais diversos modelos de resolução e a quarta pensando na evolução dos próprios profissionais que atuam em tais sistemas.

Endereçando a questão de acordo com o tema da presente obra, o que se propõe, aqui, é o reconhecimento de uma nova dimensão do Acesso à Justiça associada ao uso das tecnologias da informação, seja na automação ou na transformação dos procedimentos de resolução dos conflitos.

O que se propõe é o entendimento de que as tecnologias da informação podem otimizar a forma como as resoluções dos conflitos se desenvolvem. Como colocam Susana Henriques da Costa e João Eberhardt:

> Toda e qualquer medida que seja capaz de contribuir para diminuir a lacuna ao acesso à justiça, com simplificação e aceleração de procedimentos, e, ainda, facilite o pleno exercício da cidadania e garanta os direitos dos jurisdicionados, merece aplausos. Sem dúvida, a utilização de ferramentas digitais, como aplicativos e plataformas, mostra-se especialmente apta, em tese, para propiciar meios que ampliem o acesso à justiça."[25].

Isso pode se dar com a automação de procedimentos existentes e já feitos por humanos, com a transformação de meios existentes ou agregando novos métodos de solução. Ainda nessa obra, alguns exemplos desses fenômenos serão tratados e que parecem confirmar essa afirmação.

Em suma, a leitura do fenômeno é que as tecnologias da informação, na linha de que se relacionam com o Direito de várias maneiras, funcionam como verdadeiros mecanismos catalizadores do Acesso à Justiça, ao passo que (i) melhoram ou otimizam os meios existentes ou (ii) aumentam o cardápio de opções de meios de solução de conflitos à disposição das pessoas envolvidas no conflito, potencializando, por consequência, as chances de que o método seja mais adequado e efetivo ao conflito posto.

Não parece ser mais possível ignorar, portanto, que o Acesso à Justiça tem também essa dimensão e assim deve ser trabalhado. Logo, além de se trabalhar na redução dos custos, na ampliação da

25 COSTA, Susana Henriques da; FRANCISCO, João Eberhardt. Acesso à justiça e a obrigatoriedade da utilização dos mecanismos de *On-line Dispute Resolution*: um estudo da plataforma consumidor.gov. *In*: LUCON, Paulo Henrique dos Santos [*et al.*] [coords]. *Direito, processo e tecnologia*, São Paulo: Thomson Reuters Brasil, 2020, p. 675.

tutela transindividual, no desenvolvimento de outros métodos de solução ao lado da jurisdição estatal e na melhoria do ensino jurídico e profissionalização dos sujeitos envolvidos nessa dinâmica, faz-se necessário aproveitar-se ao máximo das funcionalidades e ferramentas trazidas pelas tecnologias da informação na solução dos conflitos jurídico-sociais.

Aliás, as tecnologias da informação e a formatação social contemporânea (sociedade da informação ou pós-industrial, sociedade do risco e que permeia a quarta revolução industrial) geram toda espécie de riscos e, por consequência, conflitos sociais em maior diversidade e especificidade.

Como também ressalta Erik Navarro Wolkart:

> Antes de avaliar os impactos positivos da tecnologia no sistema de justiça, é preciso atentar para alguns aspectos inicialmente negativos. Ao diminuir os custos de transação das interações sociais de forma geral, a tecnologia aumenta a quantidade dessas interações, elevando inicialmente o número de conflitos. Trata-se de um efeito colateral da tecnologia. Se alguém demorava duas horas para comprar um livro na livraria mais próxima e hoje faz isso em cinco minutos por um custo muito menor, é bem provável que esse alguém compre mais livros. Mas também é mais provável que ocorra alguma falha no serviço prestado. A entrega da mercadoria pode atrasar, o produto pode ter algum defeito ou ainda o fornecedor pode ter despachado a mercadoria errada, entre outros problemas. Esse cenário inicial apresenta-se ameaçador. A tecnologia aparenta aumentar o problema para o sistema de Justi-

> ça, esgotando-o ainda mais em seu trágico cenário. Mas a situação pode ser ainda pior. Advogados que levavam horas para redigir uma petição hoje podem fazê-lo de forma simples e rápida, com pesquisa *on-line* de doutrina e jurisprudência, tudo disponível quase instantaneamente. Para distribuir a petição inicial ou interpor um recurso não é mais preciso ir ao fórum e ao banco, bastando pagar as custas *on-line* e enviar a peça através dos diversos sistemas de processo eletrônico disponíveis nas cortes brasileiras. O custo de transação dos atos processuais cai e, naturalmente, praticam-se mais atos do que antes. Trata-se de fenômeno semelhante ao ocorrido quando da instalação dos juizados especiais no Brasil, com grande liberação da demanda reprimida quando de sua disponibilização."[26].

Parece existir um dever ou um compromisso social de todos, que com o Direito lidam de alguma forma, de se utilizar dessas mesmas ferramentas para solucionar tais situações. Um compromisso com o Acesso à Justiça que parte da própria lógica de proporcionalidade. Se os conflitos são potencializados pelas tecnologias, essas também devem catalisar os meios para solução. Assim como uma vacina para uma doença, que pode se desenvolver a partir do seu agente causador, trata-se de reconhecer a necessidade de utilizar das próprias funcionalidades que têm modificado a sociedade para tentar sanar os conflitos e mazelas decorrentes dessa mesma modificação.

---

26 WOLKART, Erik Navarro. *Análise econômica do processo civil*. São Paulo: Thomson Reuters Brasil, 2019, p. 723-725.

4.2 Provas digitais

Há verdadeiro direito constitucional à prova. E isso deve ser enfatizado sobretudo em razão da necessidade de se compreender a prova e os respectivos meios de confecção dentro da realidade contemporânea em que os fatos a serem demonstrados estão inseridos. A prova deve ser viabilizada de acordo com as configurações com o que o fato a ser provado se apresenta. Enquanto direito constitucional fundamental, tal premissa não pode ser desconsiderada às partes, sobretudo sob, por vezes, o argumento utilizado – e frágil a nosso ver – da ausência de um meio típico de prova.

O principal fundamento constitucional dessa ideia é justamente o Acesso à Justiça. Nesse sentido, considerando que os direitos materiais se perfazem em suportes fáticos e esses são demonstrados a partir dos meios probatórios, na mais coerente que o ordenamento procedimental e processual viabilize a realização da prova e que tal atividade goze das possibilidades ajustadas à realidade.

Adicionalmente, por certo, os demais princípios fundamentais constitucionais, que com esse último interagem normativamente, também revestem de constitucionalidade o direito à prova, especialmente os princípios do devido processo legal e do contraditório.

O princípio do contraditório preconiza um estado ideal das coisas em que as partes envolvidas no processo, e eventualmente o Ministério Público, tenham sempre a ciência dos fundamentos da ação e da defesa, das decisões e todos os demais atos processuais, e possam efetivamente influir no convencimento do julgador ou autoridade. Além disso, as partes devem ter a oportunidade de se manifestar ou reagirem aquilo que tomaram conhecimento. Se perfaz, classicamente, por assim dizer, no binômio ciência e resistência ou informação e reação. O primeiro desses elementos é sempre indispensável, o segundo é eventual. Assim, as partes devem ter sempre o conhecimento de todos os atos do processo e a oportunidade para se manifestar, porém, até por informação do princípio dispositivo, a opção de se manifestar ou não é ônus da parte, a qual deverá suportar as consequências dessa escolha.

Em verdade, porém, o princípio do contraditório assume, no contexto contemporâneo, um significado de maior profundidade. O binômio puro e simples não mais atende ao conteúdo normativo principiológico posto. O estado ideal das coisas, cuja determinação de constante busca e máxima eficácia que advém do postulado constitucional do contraditório, hoje passa pela possibilidade concreta e verificável de que a parte possa influir no entendimento e convencimento do julgador ou autoridade sobre os fatos alegados. No fenômeno da constitucionalização do processo, que se dá notadamente pelo elenco de seus princípios no art. 5º da Constituição Federal, o contraditório se apresenta renovado integrado pelo direito de influência e pelo dever de debate jurisdicional, ao que se agrega, por lógica e natureza das coisas, a instrução probatória.

Pergunta-se então: como exercer o poder de influência assegurado constitucionalmente sem a possibilidade de realizar a prova adequada e efetiva em relação ao fato alegado? Não é possível. Pergunta-se, adicionalmente: como exercer tal poder em conflitos que tenham alguma relação com as tecnologias da informação de alguma forma sem uma atividade probatória ajustada a tal realidade? Não é possível.

Dito isso, pode se dizer que a prova é o instrumento jurídico vocacionado a demonstrar a ocorrência ou não de determinado fato, e, em caso positivo, delimitar todas as suas características e circunstâncias, respondendo não só a pergunta se o fato ocorreu ou não, mas como ocorreu e quais sujeitos estão a ele atrelados, ativa ou passivamente. Alguém, responsável por conferir a leitura jurídica sobre o fato, precisa saber se o fato ocorreu ou não e, se sim, todas as suas circunstâncias. A prova, em linhas gerais, é o meio pelo qual é formada a convicção desse alguém em relação a fato específico.

Muitos são os possíveis destinatários da atividade (juiz, árbitro, membro do Ministério Público, autoridades administrativas, advogados etc.), porque muitos são os procedimentos em que a prova pode ser feita: processos judiciais, procedimentos arbitrais, procedimentos oficiais administrativos, procedimentos e tratativas não oficiais (v.g. tratativas de acordo, *due diligences*, investigações internas das mais diversas naturezas etc.).

Os meios probatórios, ao seu turno, devem ser compreendidos em relação à prova a partir de uma relação instrumental de meio e resultado. É a técnica processual ou procedimental de obtenção da prova. De uma maneira geral, toda técnica representa a predisposição de meios ordenados a obter certos resultados, só se justificando pela existência de determinada finalidade a cumprir. Os meios probatórios são técnicas processuais ou procedimentais, portanto, porque são mecanismos delineados à obtenção de um resultado, no caso, a prova sobre o fato.

Os fatos ocorrem no respectivo plano, no plano fático. A eles cumpre dar a leitura jurídica devida a partir da construção normativa que deles se extrai. Os meios probatórios são os instrumentos por meio dos quais os fatos saem do plano puramente fático e adentram aos processos ou procedimentos. Deixam de ser puramente fatos para representar um acontecimento, dentro do processo ou procedimento, juridicamente apto a levar o destinatário ao convencimento sobre o interesse jurídico respectivo.

Meios probatórios, são, assim, esses meios de transferência ou transporte dos fatos de fora dos processos ou procedimentos para dentro. O que os diferencia e permite, por assim dizer, a categorização na expressão provas em espécie, é onde e como os fatos foram registrados e, por consequência, como se dará essa transferência para dentro dos processos e procedimentos. Assim, por exemplo, se o fato foi registrado na memória de alguém, a prova testemunhal será o meio probatório habilitado a levar tal fato para dentro do processo ou procedimento. Se o fato estiver registrado em determinado documento (compra e venda de imóvel, recibo de pagamento, data de nascimento ou óbito, postagem em mídia social, envio de *e-mail* etc.), a prova documental seria o meio apto. Se a transferência do fato para dentro do processo ou procedimento depender de sua tradução técnica especializada (digital, médica, de engenharia etc.), a prova pericial será o meio próprio. Após essa transferência do fato para dentro do processo ou procedimento, o resultado obtido pode ser entendido como a prova em si considerada. Assim, os meios probatórios são os instrumentos de obtenção das provas nos processos e procedimentos, por meio da inclusão, nesses, dos fatos. As provas são os resultados obtidos após a realização dessa tarefa de transferência. As consequências jurídicas, por sua vez, são extraídas dessas provas ou resultados probatórios. Por fim, a atividade probatória é a atividade relacionada a todos esses procedimentos.

Feitas essas considerações sobre o conceito de prova, meios probatórios e atividade probatória, é interessante pensar qual critério ou quais critérios podem ser úteis na evolução desse conceito, para definição do conceito de prova digital. Como já se teve oportunidade de dizer, a identificação desses critérios parece possível a partir da própria semântica do termo digital agregado, o que induz a duas acepções de compreensão. Uma primeira, segundo a qual, a prova digital pode ser entendida como a demonstração de um fato ocorrido nos meios digitais, isto é, um fato que tenha como suporte a utilização de um meio digital. E, uma segunda, em que, embora o fato em si não tenha ocorrido em meio digital, a demonstração de sua ocorrência pode se dar por meios digitais.

São fatos ocorridos por meios digitais e a respeito dos quais a prova pode ser feita (prova digital), por exemplo: envio de um *e-mail*, envio de uma mensagem por aplicativo de mensagens (WhatsApp, Telegram, entre outros), cópia ou desvio da base de dados, cópia de *software*, disponibilização de um vídeo na internet (conteúdo íntimo ou difamador), entre outros. Também é possível que o meio digital sirva de instrumento para demonstrar a existência de um fato ocorrido em meio não digital. Basta pensar, por exemplo, em uma ata notarial lavrada a partir da constatação pelo tabelião de foto em mídia social em que constam juntos um colaborador da empresa e um diretor da empresa concorrente, a fim de demonstrar o conluio fático entre eles. Na seara criminal, é possível que por meio de monitoramento autorizado judicialmente de conta de conversas de Whatsapp se prove a prática de tráfico de drogas ou outros crimes. Os fatos não são digitais em si, mas os suportes digitais servem de mecanismo de demonstração.

Nessa lógica e como já se teve oportunidade de conceituar, a prova digital é o instrumento jurídico vocacionado a demonstrar a ocorrência ou não de determinado fato e suas circunstâncias, tendo ele ocorrido total ou parcialmente em meios digitais ou, se fora deles, esses sirvam como instrumento para sua demonstração. A prova digital é o meio de demonstrar a ocorrência de um fato ocorrido em meio digital ou que tem no meio digital um instrumento de demonstração de determinado fato de seu conteúdo.

4.3 ODRs

Os métodos de resolução *on-line* de disputa ou *On-line Dispute Resolutions* (ODR) podem ser compreendidos pelo uso de mecanismos que se valem do ambiente on-line ou virtual para solução das disputas jurídicas. Quer dizer, será considerado uma ODR um procedimento de solução do conflito que se desenvolva de forma *on-line*. Adicionalmente, como espécies, tem-se (i) as cortes *on-line*, se o desenvolvimento da jurisdição estatal ocorre de forma *on-line*; e (ii) os demais métodos, paralelos à jurisdição estatal, de solução on-line dos conflitos (inclusive a arbitragem on-line, tratada adiante).

Aliás, desenvolveram-se, em primeiro lugar, no campo dos demais métodos (segunda espécie), e hoje a solução *on-line* já permeia a própria jurisdição estatal (primeira espécie). As ODRs iniciaram sua proliferação nos sistemas de solução de disputas como uma forma de e-ADR (Eletronic Alternative Dispute Resolution) porque esses, aliás, diante da complexidade social não foram capazes de entregar o que prometeram – adotando-se a expressão "métodos alternativos" justamente na ideia que esses serviriam como alternativa à clássica jurisdição estatal.

Possuem interessantes benefícios, sobretudo aqueles desenvolvidos em paralelo à jurisdição estatal.

Tendem a ser mais baratos ou mesmo gratuitos – esse último caso é o da plataforma "Consumidor.gov.br". Na Europa, por exemplo, muitos desses meios ou tem seu custeio a cargo do fornecedor ou são de baixo custo ao consumidor. Ademais, ainda quanto ao custo, cabe lembrar que esses meios *on-line* não reclamam a ida dos envolvidos a uma localidade específica para audiências ou outros atos presenciais. Destaque-se, também, que o fato de serem *on-line* amplia sua eficiência, já que muitas vezes sequer possuem intervenção humana de mediadores, sendo que podem comportar centenas ou milhares de negociações, mediações ou arbitragem simultaneamente.

Outro benefício é a conveniência, que também converge para a mencionada redução de custos econômicos e pessoais não só do sistema, como das partes: ao lado de não ser necessário aos envolvidos comparecer a uma sala de sessões de negociação, conciliação, mediação ou arbitragem, não há, em princípio, a exigência de tais mecanismos serem síncronos – ou seja, não precisam contar com atos que demandam a presença simultânea dos sujeitos do processo, a depender do serviço de *On-line Dispute Resolution* utilizado: dessa forma, cada parte teria um prazo para acessar o sistema e efetuar suas propostas e considerações.

Importante dizer que como ODR não estão inseridos os processos judiciais eletrônicos que, embora se valham de procedimentos ou ferramentas de tecnologia e, algumas, *on-line*, não transformam por completo a prestação da jurisdição estatal, que continua com atos tradicionais ou, por assim dizer, "*off-line*", como aqueles em que se dá o encontro físico entre sujeitos do processo ou seus representantes (*v.g.* audiências, sessões de julgamento, despachos presenciais, inspeção judicial etc.).

Assim, como já tratado na primeira parte do trabalho, a ODR não ocorre com a simples ou complexa automação de procedimentos, mas representa a transformação desses.

4.4 Arbitragem *on-line*

Tradicionalmente a arbitragem gera importantes benefícios para as partes que a escolheram, especialmente com relação à independência e à expertise dos árbitros, à privacidade dos envolvidos, à flexibilidade do procedimento e à celeridade na obtenção da sentença.

Por outro lado, a arbitragem tradicional – arbitragem comercial *off-line*, ou seja, que se realiza predominantemente com atos presenciais, sem o uso expressivo das tecnologias da informação – também pode ter alguns inconvenientes que afetam a escolha desse método pelas partes, sobretudo os altos custos relacionados aos honorários de árbitros e honorários advocatícios. Em alguns países, como o Brasil, ingressar em juízo no Poder Judiciário é mais barato do que escolher um árbitro. Ademais, apesar de a arbitragem buscar uma decisão em tese mais rápida, pode ser que acabe por levar a uma solução tão ou mais demorada que a judicial. É preciso dizer que a arbitragem, por vezes, não atende às expectativas geradas por sua geração mais entusiasta.

No entanto, as tecnologias possibilitaram, nesse contexto, um novo meio arbitral de resolver o conflito: a arbitragem *on-line*, que pode ser uma importante forma de atenuação desses inconvenientes, por meio do seu potencial de redução de custos e garantia de maior velocidade à arbitragem, como se verá mais à frente. A arbitragem *on-line* tem, assim, potencial para aprimorar o próprio método arbitral de resolver conflitos e, por consequência, potencializar o próprio conteúdo do princípio do Acesso à Justiça. Parece, então, ser possível conceituar a arbitragem *on-line* como a arbitragem que tenha seu procedimento integralmente desenvolvido por meio digital ou com os usos das tecnologias da informação.

Podem ser arrolados uma série de benefícios a partir da análise das experiências da arbitragem *on-line*. O primeiro deles é a conveniência: considerando que a arbitragem é realizada on-line, atos podem ser praticados a qualquer momento do dia, mesmo de forma assíncrona (ou seja, por meio de comunicação que não acontece no mesmo tempo e espaço).

Assim, audiências ou outros atos que devem ser transmitidos ao vivo podem ser realizados no momento mais conveniente para as partes e os árbitros, pois embora na arbitragem tradicional os árbitros determinem as datas e horários que lhes são convenientes e geralmente estejam abertos às solicitações de ajustes feitas pelas partes e seus respectivos advogados, as plataformas podem estabelecer a comunicação assíncrona, em que cada parte terá determinado prazo (horas ou dias), para acessar o sistema, de modo a praticar os atos que lhe sejam pertinentes.

Um outro benefício da arbitragem *on-line* é o fácil acesso a esse mecanismo de solução de controvérsias, pois as partes não precisam comparecer numa instituição arbitral ou no escritório do árbitro para praticar os atos do procedimento, necessitando apenas ligar seus dispositivos eletrônicos e acessar a plataforma de arbitragem on-line, munidas de suas credenciais de acesso (*login* e *senha*).

Além disso, um terceiro benefício é o fácil armazenamento de dados. É certamente mais simples armazenar dados digitais do que em outras espécies de formato, como papel, que necessita de um espaço físico para seu armazenamento. Dados digitais podem ser guardados em discos rígidos, computadores ou *websites* seguros. Isso também impacta os custos, visto que escritórios de grandes espaços físicos são dispensáveis para instituições de arbitragem ou árbitros *on-line*. Destaque-se que esse benefício também vem sendo incorporado à arbitragem tradicional, em que são cada vez mais frequentes os casos em que se dispensam vias físicas, diante dos benefícios de os autos do procedimento serem eletrônicos. E mesmo com as necessárias medidas de segurança da informação, ainda assim, o resultado de simplicidade e economia final é imensamente mais positivo.

Outro benefício está relacionado ao próprio custo da arbitragem. Instituições arbitrais cobram taxas para realizar uma arbitragem. É preciso analisar algumas despesas arbitrais, para verificar se a arbitragem *on-line* é mais barata. Primeiramente, os custos da arbitragem na Corte Internacional de Arbitragem da Câmara de Comércio Internacional (CCI). De acordo com o Regulamento de Arbitragem dessa instituição e o cálculo de gastos, a parte que quiser iniciar o processo necessita pagar uma taxa de registro de US$ 3.000 (três mil dólares). Para além, pode ser exigida a provisão de custos antecipadamente, e o valor mínimo das taxas administrativas é de US$ 3.000 (três mil dólares)– variando de US$ 3.000 (três mil dólares) a US$ 113.215 (cento e treze mil duzentos e quinze dólares). Somados a essas taxas, as partes devem pagar antecipadamente os honorários dos árbitros, os quais variam segundo o valor econômico em disputa.

No âmbito nacional brasileiro, um exemplo é o Centro de Arbitragem e Mediação da Câmara de Comércio Brasil-Canadá (CCBC). Essa instituição arbitral exige o pagamento da taxa de inscrição de R$ 4.000 (quatro mil reais) , um depósito de fundo de despesas de R$ 10.000 (dez mil reais), e uma taxa administrativa de R$ 52.500 (cinquenta e dois mil e quinhentos reais), se o valor da disputa for acima de R$ 4.000.000 (quatro milhões de reais). Além dessas taxas, é também necessário pagar os honorários significativos dos árbitros.

Como contraponto, no Sistema On-line de Resolução de Conflitos Consumeristas da União Europeia, as taxas variam de uma entidade a outra – inclusive, é importante destacar que existem diferentes métodos de resolução on-line de conflitos, como a mediação e arbitragem, a depender da entidade credenciada. Além do mais, há variação sobre o pagamento ser também realizado pelo consumidor ou apenas pelo fornecedor. Como exemplo de despesas de arbitragem on-line podemos utilizar o Centro para Resolução Efetiva de Disputa com Companhias Aéreas (CEDR), no Reino Unido. Caso levem seu conflito a esse Centro, os consumidores devem pagar 25 (vinte e cinco) libras quando ingressam com sua reclamação, mas, caso se saiam bem-sucedidos em alguma medida, o julgamento é gratuito e eles recebem 100% de reembolso. As companhias aéreas, por sua vez, devem arcar com 100 (cem) libras por cada caso que é levado à CEDR. Como se percebe, os custos da arbitragem on-line são mais baixos, e os lucros dessas plataformas advêm do volume de arbitragens que realizam.

Há, portanto, uma grande diferença entre os custos das instituições de arbitragem tradicional e das instituições arbitrais on-line – muito embora se esteja tratando de demandas de natureza bastante distinta, além de valores econômicos muito diversos –, sendo esse um importante benefício da arbitragem on-line, o que também estimula o seu uso.

Outra importante vantagem está relacionada à velocidade da tramitação dos processos de arbitragem on-line. O fácil acesso e a conveniência para as partes e árbitros facilitam o procedimento arbitral on-line e permitem que este tramite mais rápido do que a arbitragem tradicional. De fato, no *e-commerce*, esta é uma necessidade real para a confiança nessa modalidade de negócio, o que pode consequentemente aumentar as transações.

Por fim, e relacionado a todas as vantagens supracitadas, podemos dizer que há um aumento de eficiência nas arbitragens on-line, já que é uma forma mais rápida e barata na busca por uma resolução de disputas.

Em contrapartida, por outro lado, há autores que sustentam que pode haver desvantagens na arbitragem on-line que podem por em risco a confiança neste método de resolução on-line de disputas. A primeira seria o suposto risco à privacidade e à confidencialidade. Não se ignoram os custos, sobretudo, com as estruturas de segurança da informação. Tendo em vista que todos os dados são armazenados on-line, é possível que documentos dos processos de arbitragem sejam disponibilizados indevidamente a terceiros, pondo em risco algum segredo comercial. Ademais, pessoas mal-intencionadas podem invadir o sistema on-line da instituição arbitral para subtrair dados. No entanto, é preciso ponderar que esse risco também faz parte da arbitragem tradicional, pois qualquer dado pode ser subtraído, e até mesmo papéis podem ser copiados e obtidos por terceiros. Assim, não se pode creditar essa alegada desvantagem unicamente à arbitragem on-line a ponto de descreditar o método.

Outra alegada desvantagem seria a falta de relações pessoais entre partes e árbitros. A arbitragem tradicional é realizada com bastante contato entre as partes e árbitros, mesmo que tenha suporte tecnológico. Para além, na arbitragem off-line – *ad hoc* ou em instituições arbitrais – as partes normalmente escolhem qual árbitro ou quais árbitros decidirão a disputa. Nas instituições arbitrais, geralmente cada um escolhe um árbitro e estes dois escolhem o terceiro. Porém, há certas instituições de arbitragem on-line nas quais as partes não podem escolher o árbitro ou árbitros. Por exemplo, Kleros é uma plataforma de arbitragem on-line em que as partes não possuem a possibilidade de saber quem os árbitros (julgadores) são. Uma vez que a decisão afeta a alocação de recursos, a justificativa para a confidencialidade dessa informação é evitar suborno ou intimidação dos árbitros. Nesse ponto, importante destacar que a falta de relações pessoais ou a confidencialidade na figura dos árbitros pode evitar, de outro lado, a incidência de vieses cognitivos na análise do caso, considerando que o contato entre os envolvidos gera influências na cognição sobre a controvérsia.

Além disso, as diferentes filosofias em termos de regulamentação e o arcabouço jurídico fragmentado ao redor do mundo são outras desvantagens. Com relação às filosofias, Clark, Cho e Hoyle lembram que, enquanto a América do Norte confia mais na regulamentação privada, deixando sobretudo a cargo das entidades arbitrais e dos fornecedores de *e-commerce* a definição das regras de tais arbitragens, a União Europeia envida esforços para a regulamentação pública , e um importante exemplo é o Regulamento EU nº 254/2013, que demonstra a preocupação da União Europeia em estabelecer diretrizes para a proteção dos interesses dos envolvidos nos procedimentos de arbitragem on-line. Isso evidencia diferentes formas de pensar acerca do controle sobre a resolução on-line de disputas e, especialmente, a arbitragem on-line.

Registre-se, ainda, que o arcabouço jurídico fragmentado é também uma desvantagem. As diversas leis – já que cada país possui suas próprias leis de arbitragem, seja esta da forma tradicional ou *on-line* – e a carência de regulamentação internacional põem em risco o uso das arbitragens nacionais e internacionais *on-line*, uma vez que as partes não confiarão se o processo *on-line* será aceito em um futuro processo de execução ou no reconhecimento de uma sentença estrangeira.

Dito isso e ponderadas as vantagens e desvantagens, identifica-se uma certa tendência, especialmente na arbitragem *on-line* consumerista, em direção a um padrão diferente de arbitragem. Conforme defendido acima, uma das razões tradicionais para a escolha pela arbitragem é a expertise do árbitro e uma das inconveniências é o alto custo. Mesmo assim, a arbitragem *on-line* permite a redução de custos e uma maior rapidez da sentença arbitral, uma vez que muitos procedimentos *on-line* não precisam ser remunerados mediante valores exorbitantes, devido à baixa complexidade e necessidade de julgamento em curto período. No entanto, isso não significa, necessariamente, uma perda de espaço da arbitragem comercial tradicional. Evidentemente, ainda haverá mercado para esta, sobretudo para disputas de alto valor, embora a arbitragem tradicional tenha ampliado a utilização de mecanismos digitais no período de isolamento social, aproximando-se, em certa medida, daquilo que podemos definir como arbitragem *on-line*.

4.5 Questões relacionadas à inteligência artificial e alguns possíveis limites

Mais que um conceito abstrato, a inteligência artificial está presente em poderosas e práticas ferramentas para o dia-a-dia de todas as atividades na atual sociedade da informação, desde simples e por vezes não lembradas planilhas com fórmulas pré-estabelecidas, até as mais sofisticadas ferramentas de análise de bases de dados e apresentação de resultados.

Todo e qualquer mecanismo que hoje seja capaz de receber informações a partir de alimentação humana ou de extração automatizada, que trate tais informações de forma racional e automática e entregue resultados a partir dessas etapas anteriores pode ser entendido como um mecanismo de inteligência artificial. Com esse potencial, era esperado e natural que os mecanismos de resolução dos conflitos, sobretudo os judiciais, aproveitassem desses instrumentos para conduzir os procedimentos e auxiliar as decisões decorrentes. A ideia é aproveitá-los para tentar mitigar os defeitos de entrega de resultados que deles se espera e otimizar a execução adequada e efetiva dos serviços, otimizando, ao final, o próprio Acesso à Justiça. Além de outros exemplos já trabalhados, a citação de alguns exemplos da implementação concreta dessa ideia parece importante, desde a predição de resultados futuros (por exemplo, com o uso da jurimetria), na condução de procedimentos de resolução até na própria decisão judicial.

Uma das utilizações mais notáveis está na otimização da realização de procedimentos. Aliás, em um convite ao pensamento de senso comum sobre o tema, certamente chama mais atenção a possibilidade de melhoria dos procedimentos associados às resoluções de conflito, sobretudo no desenvolvimento da jurisdição estatal.

Nessa perspectiva, a inteligência artificial tem um grande potencial para maior variabilidade de criação de documentos, de reprodução desses e para gerar mais capacidade de análise de seus conteúdos.

Sem sombra de dúvidas, considerando que as resoluções de conflitos, sobretudo a do ecossistema jurisdicional (estatal ou arbitral), tem a sustentação na apresentação e análise documental, o uso de algoritmos que desempenham tais funções é muito relevante. Inclusive, a depender de como tais tarefas forem automatizadas, possibilitando a criação de padrões de associação de documentos a determinados resultados, o uso das ferramentas também pode agregar previsibilidade às resoluções, especialmente nas situações jurídicas de volume e que, por perfil e regra, não apresentam maiores individualidades.

Igualmente, desde a década de 1980, existem ferramentas importantes que se valem da inteligência artificial para demonstração probatória de fatos ou construção de narrativa a partir das evidências indicadas. Algumas ferramentas podem ser citadas como exemplo: (i) *Stevie* que apresenta modelos a partir das evidências para possíveis reconstruções dos fatos; (ii) *Echo* que avalia possibilidades de julgamento a partir das evidências, auxiliando na elaboração de teses de acusação e defesa na esfera criminal; e (iii) *Alibi* que a partir das evidências desenvolve explicações alternativas daquelas associadas às provas para evitar ou mitigar responsabilidades.

Também já há, por exemplo, sistemas que objetivam resultados preditivos, ou seja, que tenham como entrega a possível previsão de resultados a depender do órgão judicial envolvido. É o caso de parte dos serviços norte-americano Lex Machina (https://lexmachina.com) que é capaz de medir as chances de sucesso em uma disputa de titularidade de patente nos Estados Unidos.

A predileção de resultados também é importante, do ponto de vista estratégico, para entendimento da fundamentação judicial utilizada e na identificação de precedentes judiciais. A ideia é utilizar da inteligência artificial para identificar as *ratio decidendi* das decisões, não só para entender com alguma previsão os possíveis resultados futuros (e então trazer os mesmos benefícios ditos acima) como também para trabalhar com as "decisões anteriores" de forma correta e adequada. É a espécie de visibilidade que não só facilita o trabalho das partes que precisam adequar a argumentação e estratégia aos posicionamentos consolidados (evitando ou diminuindo atos processuais inócuos), como também dos próprios órgãos jurisdicionais na prolação das decisões futuras, otimizando a prestação jurisdicional, pensada nesse aspecto no art. 927 do CPC.

Em relação a possíveis limites, como qualquer uso de tecnologia ou qualquer novidade no geral, surgem questionamentos sobre os limites a serem respeitados na utilização dos novos instrumentos. E nesse ponto talvez existam as maiores dúvidas científicas e as questões de maior profundidade acadêmica e prática sobre o tema.

Assim como seria muito presunçoso exaurir todas as ferramentas que se valem da IA no contexto da resolução dos conflitos na presente obra, também seria presunçoso esgotar todos os limites da utilização da IA no mesmo cenário. Mas parece que algumas barreiras legais podem ser identificadas, cujo rompimento ou seu sobrepujar pode representar, no caso concreto, o excesso ou abuso do uso da ferramenta. Resta, então, identificar quais seriam tais barreiras e neste estudo algumas serão propostas, o que parece passar pela classificação dos grupos entre os mecanismos de resolução dos conflitos.

Uma primeira classificação aparente útil para essa tarefa está na separação entre mecanismos não jurisdicionais e jurisdicionais (judicial ou arbitral).

Para os mecanismos de resolução não jurisdicionais, ou seja, aqueles que não dependam da decisão de um terceiro desinteressado no conflito, com aptidão de definitividade, o uso da inteligência artificial apresenta limites menos rígidos, podendo inclusive chegar ao ponto de que toda resolução do conflito, inclusive as decisões apresentadas, se desenvolva de forma automatizada.

Parecem poder as partes, portanto, se entenderem que o meio lhe é adequado e efetivo, optar por um meio integralmente automatizado, sem qualquer participação humana, sujeitando-se aos riscos (inclusive de erros das ferramentas) e benefícios. Ora, por exemplo, se as partes podem, livremente, em uma conversa simples resolver o conflito, por qual razão não poderiam optar, com os riscos inerentes, por um meio automatizado? Isso está no âmbito da autonomia da vontade das partes. O devido processo legal, nessa perspectiva, parece estar no respeito a tal autonomia, se essa é existente e livre. Nem mesmo, no caso de ausência de contraditório em um mecanismo automatizado parece haver abusividade da tecnologia se as partes têm livre vontade para eleger um procedimento automatizado com essa característica.

Porém, ainda que menos rígidos, alguns limites parecem existir.

O primeiro deles está associado à qualidade da própria autonomia da vontade. Essa precisa ser livre, inequívoca, informada, explícita e ser dada por quem tem capacidade civil para tanto. Assim, por exemplo, impõe-se que um meio automatizado de resolução deve ser o máximo possível transparente e auditável, inclusive a própria ferramenta de IA utilizada. São ideais a serem buscados.

Somente parece haver respeito ao devido processo legal e à autonomia da vontade, se as partes tem visibilidade e previsibilidade do passo a passo da resolução do conflito, para que possam elegê-lo de forma livre (sem qualquer coação ou obrigatoriedade), inequívoca (sem dúvidas sobre o procedimento e suas consequências), informada (com todas as informações necessárias para utilização do procedimento), explícita (a escolha do procedimento deve ser expressa e não aferível ou deduzida tacitamente) e com a capacidade nos termos da legislação civil.

Um segundo limite, relacionado diretamente ao primeiro, é a ausência da obrigatoriedade na utilização do método total ou parcialmente automatizado de resolução. Ora, nos termos do conteúdo do Acesso à Justiça e dos próprios termos expressos do art. 5º, XXXV, da CF, não pode a parte ser obrigada a utilizar tal método. Pode elegê-la, contratualmente ou por outra forma em que a manifestação de vontade atenda aos parâmetros assinalados. O que não parece ser possível, no atual estado das coisas, é furtar à parte a possibilidade de apreciação jurisdicional estatal, com as características próprias que tal meio de resolução possui.

Inclusive, considerando que essa porta que deve permanecer aberta, a utilidade e sucesso do uso de tais meios parece depender também da entrega, ao final da resolução, de um documento escrito às partes, com força de título executivo (art. 784 do CPC). A confecção desse documento com força executiva e que respeite a higidez do título para tanto é fundamental a conferir segurança jurídica ao método de resolução, tornando-o viável, convidativo e útil na prática.

Adicionalmente, outro limite que parece claro e decorrer, aliás, da necessidade de manutenção da autonomia livre da vontade é a verificação concreta de vulnerabilidades que possam indicar, na relação de direito material cujo conflito possa ser sanado, algum desequilíbrio. Caracterizada a relação desequilibrada, como no caso da relação de consumo por exemplo, é imprescindível que a escolha por tal método fique clara suficiente a ponto de afastar todo e qualquer aproveitamento da posição de vulnerável de uma das partes. Esse inclusive parece ser um dos espíritos extraídos do que diz o art. 51, VII, do CDC ao vedar cláusulas que determinem a utilização compulsória da arbitragem pelo consumidor. Essa ideia parece ser replicável na existência da previsão de utilização de mecanismos automatizados de resolução dos conflitos e em que a vulnerabilidade (econômica, jurídica ou técnica) esteja presente.

Paralelamente, para os mecanismos de resolução jurisdicionais, seja o estatal ou o arbitral com seu perfil próprio, os limites parecem estar relacionados às características e expectativas constitucionais da própria resolução de conflitos por esse método.

O uso judicial dessas ferramentas de IA, assim, parece demandar um exercício de cuidado detido na implementação. A identificação precisa e detalhada dos limites, se possível, justifica vários debates acadêmicos dedicados ao tema, sendo prematuro, considerando a finalidade deste trabalho, esgotá-los.

Sem prejuízo, no entanto, os limites judiciais de todo modo parecem estar no respeito ao devido processo legal e às normas fundamentais do processo civil brasileiro que o integram (arts. 1 a 12 do CPC) e na utilização instrumental das ferramentas de inteligência artificial, bem como no respeito das normas mais maduras de governança de tais ferramentas, antes, durante e depois do seu uso. Qualquer utilização que viole o conteúdo do devido processo, não pode se sustentar. Não podem prevalecer ferramentas que, *v.g.*, impeçam o contraditório concreto das partes.

Igualmente, o uso não instrumental (quer dizer, ferramentas decidindo os conflitos no lugar de juízes humanos) parece também exceder os objetivos da função jurisdicional que tem na cognição, sensibilidade, empatia e experiência dos magistrados componentes intrínsecos. A utilização da inteligência artificial que resolva o mérito dos conflitos ou mesmo que antecipe efeitos de uma decisão final (tutelas de urgência ou evidência, que em termos práticos se mostram ainda mais carentes de sensibilidade do julgador) não parece ser possível. Agora, todo instrumental que estiver à disposição do julgador para levantamento de dados, identificação de elementos comuns, reunião de demandas repetitivas, maior agilidade de procedimentalização etc., deve ser incentivado.

É relevante dizer essas condições são próprias e mais vinculadas ao exercício da função jurisdicional, que é apenas uma das possibilidades de resolução de conflitos postas à disposição das partes do conflito. Isso significa que, embora ninguém esteja obrigado a utilizá-la (princípio dispositivo), caso assim opte, aderirá a esse perfil de resolução. Até porque é essa vinculação a tal perfil (com a garantia constitucional de decisões humanas) que assegura, como face do Acesso à Justiça, que toda parte terá à sua disposição a função jurisdicional estatal.

Igualmente, isso significa que a necessidade de decisão humana não necessariamente tem de estar presente em meios não jurisdicionais de resolução de conflitos. É perfeitamente possível e pode ser até recomendada a existência de meios de resolução com decisões automatizadas – como visto anteriormente (promovidas pelo Estado ou pelas empresas, conforme alguns exemplos mencionados nas outras partes desse trabalho) para as situações em que isso se mostre mais adequado e efetivo e desde que essa possibilidade e o caminho para tanto seja o mais transparente possível para as partes.

5 CRIMES CIBERNÉTICOS

Para fechar este livro e seguindo o seu propósito, serão apresentadas algumas rápidas considerações sobre os crimes cibernéticos de forma objetiva.

5.1 Breves considerações sobre o Direito Penal e aspectos introdutórios

De forma objetiva, é preciso sinalizar que as estruturas de Direito Penal, ao contrário do que as expectativas de ordem prática podem sugerir, não são concebidas para a punição dos indivíduos, mas para limitar o poder de punição do Estado. Isso significa dizer, especialmente, que não se pode esperar que o Direito Penal resolva todos os problemas sociais ou aqueles associados a uma *criminalidade cibernética*.

Essa *limitação do poder de punição do Estado* é construída, sobretudo, pela teoria do crime que vai definir os elementos necessários para configuração do fato como penalmente relevante e, por consequência, digno de aplicação da sanção penal decorrente e, também, prevista em lei.

Dogmaticamente, essa limitação do direito de punir é construída com base nas noções sólidas de legalidade, anterioridade, culpabilidade e intervenção mínima. Ou seja, só é infração penal o fato previsto em lei, com tal previsão antes da sua ocorrência, com os elementos de culpabilidade do agente e a partir da lógica de que as estruturas jurídicas de Direito Penal apenas podem ser utilizadas se o Direito, por suas outras vertentes de responsabilidade, não se mostrou suficiente.

Nesse sentido, também, a partir dos elementos mais aceitos da teoria do crime, pode se dizer que só é punível o fato típico, antijurídico e culpável, ou que, é infração penal, passível de punibilidade pelo Estado, o fato que reúne as condições de tipicidade, antijuridicidade e culpabilidade. Por tipicidade deve ser entendida a previsão do fato como infração penal em lei, a partir dos elementos normativos ou objetivos do tipo e dos elementos subjetivos (dolo – direito ou eventual e culpa, esta última se o próprio texto legal assim sinalizar). Por antijuridicidade deve ser entendida a condição de que o fato se mostrou contrário ao Direito, o que se afere, *a contrario sensu*, pela ausência da legítima defesa, do estado de necessidade, do estrito cumprimento de dever legal e do exercício regular de direito. Por fim, a culpabilidade se estabelece também a partir da lógica de previsibilidade e do elemento volitivo do agente, estando presente salvo se caracterizada a coação moral irresistível e a obediência hierárquica.

Assim, será considerado fato criminoso, pensando na relação com as tecnologias da informação, o fato que reúna todas essas premissas e que envolva, de alguma forma, tais tecnologias, seja na sua elaboração ou desenvolvimento, seja com bem juridicamente tutelado contra o qual o fato é praticado.

Quanto à denominação e em que pese o respeito por leituras diferentes do fenômeno, prefere-se o uso da denominação *crimes cibernéticos* ou *criminalidade cibernética*, dado que a ciência cibernética é aquela que envolve, por mais ampla e ao mesmo tempo, os mecanismos informáticos e telemáticos. Aqueles que são os próprios dispositivos eletrônicos utilizados e estes os mecanismos de conectividade entre tais dispositivos.

Ainda quanto à nomenclatura, vale trazer a classificação importante e de utilidade. Os crimes cibernéticos podem ser entendidos como (i) crimes cibernéticos puros ou próprios ou (ii) crimes cibernéticos impuros ou impróprios. Os primeiros são aqueles que tem um mecanismo cibernético como próprio bem jurídico tutelado, como, por exemplo, o crime de invasão de dispositivo informático (art. 154-A do CP). Os outros têm nos meios cibernéticos uma nova forma de realização de crimes cujos bens tutelados são outros que não os mecanismos cibernéticos em si, como no caso da fraude eletrônica (art. 171, § 2º-A, do CP).

5.2 Alguns dos principais métodos, artefatos ou técnicas

Parece oportuno também relacionar alguns dos principais ou mais utilizados métodos para a prática de condutas que podem ser caracterizadas como crimes cibernéticos. Técnicas que são frequentemente postas em prática e que podem ou não resultar no risco ou danos a bens juridicamente tutelados pela norma penal.

Assim, é importante sinalizar que a técnica ou o método empregado na prática não significa a caracterização automática de uma infração penal, esta apenas ocorre se presentes todos os elementos da norma penal.

Os primeiros artefatos utilizados e dignos de nota são os conhecidos *vírus* e *worms* que são *malwares* (*softwares* concebidos e pensados para funções mal-intencionadas) dedicados à danificar, alterar ou destruir bancos de dados ou sistemas. O segundo é diferente apenas pela capacidade de se espalhar pelo sistema ou rede.

Seguindo, o *trojan* ou Cavalo de Tróia é técnica conhecida pela ocultação de um *malware* em outro programa de modo que ele seja recebido pelo dispositivo informático e instalado de forma oculta para qualquer finalidade mal-intencionada. A ocultação é justamente a técnica pela qual o agente externo ludibria ou engana os sistemas técnicos ou humanos de controle ou proteção. O usuário acredita que recebe um *software* sem qualquer problema e plenamente lícito.

São comuns, também, os *malwares* dedicados a burlar os sistemas de segurança em si. É o caso, por exemplo, do *backdoor*, mecanismo dedicado a burlar mecanismos ou barreiras de autenticação de usuários.

Também podem ser citados os *spywares* que são *malwares* dedicados a, de forma oculta, monitorar os sistemas dos usuários e, como verdadeiros espiões, encaminhar informações do sistema para algum agente externo. De forma semelhante, há os chamados *malwares keylogging* e *screenlogging*. O primeiro dedicado a capturar os caracteres digitados pelo usuário no teclado do seu dispositivo para, por exemplo, a captura de senhas. O segundo, de forma similar, dedicado a capturar a coleta de cliques e comportamentos feitos pelos usuários nas telas dos seus dispositivos.

É interessante, também, a chamada prática de *defacement* que consiste na alteração dos conteúdos de sites ou aplicativos, com a pichação ou colocação de imagens de protesto ou, de qualquer forma, não associadas ao conteúdo verdadeiro do sítio eletrônico.

Outra prática cada vez mais comum, em especial no contexto do tratamento de dados pessoais e nas situações conhecidas popularmente como *vazamento de dados*, é a técnica conhecida como *ransomware*. A prática se desenvolve em fases. Primeiro, explorando alguma vulnerabilidade, o agente externo entra nos sistemas da empresa vítima. Na sequência, espalha-se pelos dispositivos e servidores, obtendo informações em todo este processo. Por fim, o agente externo criptografa ou "sequestra" os dados e informações, exigindo um valor de resgate.

Cumpre mencionar o ataque DDoS – *Denial of Service* que provoca negação de serviço de determinados servidores em razão de uma sobrecarga artificial gerada.

O ataque de *DNS poisoning*, por sua vez, consiste na alteração artificial dos endereços de resolução DNS (*Domain Name System*), direcionando o acesso para um site falso ou fraudulento.

É ainda relevante o chamado ataque de força bruta que consiste na tentativa ou na burla de sistemas de segurança pautados no uso de credenciais de acesso (*logins* e *senhas*) mediante a tentativa forçada e contínua de todas as combinações possíveis.

Por fim, é extremamente relevante e, com certeza, a prática mais comum, a chamada *engenharia social* que pode contar ou não com técnicas envoltas na tecnologia e que consiste na criação de situações falsas ou fraudulentas, com narrativas verossímeis, dedicada a enganar as vítimas para a prática de crimes.

5.3 Principais crimes em espécie

Trazidas algumas das principais considerações sobre a criminalidade cibernética e as técnicas comumente utilizadas, serão apresentados abaixo, alguns dos principais crimes que se caracterizam a partir do uso dos meios cibernéticos. Antes, porém, vale ponderar que, com o avanço das tecnologias da informação, sempre existirão novos *modus operandi* de práticas criminosas. Não é um estudo exaustivo e o entendimento dos crimes passa por entender as tecnologias e práticas e os quadros normativos de tipicidade penal.

O primeiro crime a ser mencionado é o próprio *crime de homicídio* (art. 121 do CP). Pode parecer improvável que alguém possa matar alguém por meio de uma prática cibernética, mas com a evolução das tecnologias, cada vez mais isso parece ser possível. Por exemplo, são noticiados ataques que paralisam sistemas médicos[27].

Muito mais comuns são os crimes relacionados ao ataque à honra de terceiros, seja a objetiva, seja a subjetiva, em especial por meio de publicações ou postagens nas mídias sociais. A depender do que for colocado, exposto ou dito, podem ser caracterizados os crimes de *calúnia*, *difamação* ou *injúria* (arts. 138, 139 e 140 do CP).

---

27 Por exemplo, ver: https://www.kaspersky.com.br/blog/irish-health-service-ransomware/17505/. Acesso em: 15-10-2021.

A calúnia se caracteriza pela acusação de um terceiro pela prática de um fato caracterizado em lei como crime (honra objetiva). A difamação, por sua vez, se caracteriza também pela indicação de um fato relacionado à vítima, mas este não está na lei como crime (honra objetiva). Por fim, há a injúria, caracterizada pela ofensa à honra subjetiva da vítima.

Na sequência, vale menção aos crimes de *ameaça* e de *perseguição* (arts. 147 e 147-A do CP).

A caracterização do primeiro acontece em qualquer manifestação de ameaça feita pelos meios cibernéticos, configurada esta pela ameaça de causar à vítima um mal injusto e grave. Isso pode acontecer por qualquer meio, desde o uso das mídias sociais até pelo comum uso indevido dos aplicativos de mensagens instantâneas, com destaque para o WhatsApp.

O segundo foi recém introduzido pelo Código Penal pela Lei nº 14.132/2021 e vem da preocupação social cada vez mais crescente da prática de perseguição e, sobretudo, da prática de *stalking*, consistente esta na perseguição reiterada do agente para a vítima. Por razões psicológicas e sociais, o agente se mostra aficionado pela vítima de forma reiterada invade sua privacidade, desde de práticas meramente virtuais até situações em que a perseguição assume relevante risco com a proximidade física. Diz o art. 147-A que: "Art. 147-A. Perseguir alguém, reiteradamente e por qualquer meio, ameaçando-lhe a integridade física ou psicológica, restringindo-lhe a capacidade de locomoção ou, de qualquer forma, invadindo ou perturbando sua esfera de liberdade ou privacidade.".

Outro crime importante, em especial na realidade empresarial, é o crime de *violação de segredo profissional* (art. 154, CP). O crime se caracteriza pela revelação do segredo pelo profissional para terceiros sem justa causa, informação esta que teve acesso em razão de sua função ou profissão. Assim, incorre em tal prática criminosa, por exemplo, o funcionário que encaminha informações comerciais ou segredos do negócio para qualquer terceiro ou, pior, para concorrente da empresa que trabalha.

Extremamente relevante para realidade cibernética e, em especial, no contexto de proteção de dados pessoais é o crime de *invasão de dispositivo informático* (art. 154-A do CP) que foi criado pela Lei Carolina Dieckmann (Lei nº 12.737/2012) e que foi por muito tempo o mais representativo crime cibernético no ordenamento jurídico brasileiro, apresentando-se como um exemplo de crime cibernético puro ou próprio por excelência. Seu texto evoluiu e foi recentemente alterado pela Lei nº 14.155/2021.

Diz a atual redação do art. 154-A, CP: "Art. 154-A. Invadir dispositivo informático de uso alheio, conectado ou não à rede de computadores, com o fim de obter, adulterar ou destruir dados ou informações sem autorização expressa ou tácita do usuário do dispositivo ou de instalar vulnerabilidades para obter vantagem ilícita.". Assim, é crime qualquer ato de invasão (acesso não autorizado) a dispositivo informático de uso alheio (celulares, computadores, servidores etc.) conectados ou não à internet ou à rede interna com o fim específico de adulterar ou destruir dados ou de instalar vulnerabilidades para obtenção de vantagem ilícita.

Pensando em crimes patrimoniais, tem-se, sem medo de errar, os crimes mais comuns na realidade brasileira em que a grande quantidade de fraudes que se valem dos mecanismos cibernéticos é assustadora e crescente. Não à toa, pensando neste cenário assombroso e que demorará a ser revertido pela necessária maturidade educação digital do País e por melhores condições econômicas, foram operadas recentes alterações no Código Penal, em especial no tocante aos crimes de furto e de estelionato pela referida Lei nº 14.155/2021.

Nesse contexto, estão inseridos, especialmente, os crimes de *furto mediante fraude* (art. 155, § 4º, II, do CP), de *extorsão* (art. 158 do CP) e de *fraude eletrônica* (art. 171, § 2º-A, do CP).

O primeiro está caracterizado se o meio cibernético é utilizado para enganar ou fraudar o sistema de vigilância da vítima sobre a coisa ou valor a ser subtraído. É o caso, por exemplo, em que, mediante o uso das credenciais de acesso obtidas indevidamente da vítima, o agente acessa ao sistema bancário da vítima e subtrai valores. O segundo ocorre no caso da realização de qualquer ameaça, por método cibernético, para obtenção de valores patrimoniais. A prática *ransomware* com a criptografia dos dados e sistemas e com o pedido de resgate financeiro é um exemplo recorrente deste crime. O fraude eletrônica, por sua vez, se caracteriza pela obtenção de vantagens patrimoniais indevidas por conta de fraude, mas neste caso, diferentemente do crime de furto, há necessária participação ativa da vitima. O recorrente "golpe do WhatsApp" é um exemplo claro deste crime.

Ainda cumpre referência a dois crimes: o crime de *estupro* (art. 213 do CP) e o crime de *divulgação de cena de estupro ou de cena de estupro de vulnerável, de cena de sexo ou de pornografia* (art. 218-C do CP). O primeiro pode se caracterizar de forma virtual (*estupro virtual*) se algum ato libidinoso for praticado pela vítima, ainda que sem contato físico e de forma remota (por algum *chat* ou *videoconferência*), mas em razão de ameaça praticada pela vítima[28]. Já o crime do art. 219-C ganha relevância diante da prática chamada de pornografia de vingança (*revenge porn*), em que o agente, de forma

28 Ver: https://www.uol.com.br/tilt/noticias/redacao/2020/01/25/abuso-pela-internet-estupro-virtual-entra-na-mira-da-policia-no-brasil.htm e https://g1.globo.com/go/goias/noticia/2021/06/25/jovem-e-preso-suspeito-de-estupro-virtual-apos-exigir-que-professora-mandasse-videos-intimos-para-ele-em-pires-do-rio.ghtml. Acesso em: 15-10-2021.

não autorizada e para qualquer finalidade, compartilha "fotografia, vídeo ou outro registro audiovisual que contenha cena de estupro ou de estupro de vulnerável ou que faça apologia ou induza a sua prática, ou, sem o consentimento da vítima, cena de sexo, nudez ou pornografia.".

REFERÊNCIAS BIBLIOGRÁFICAS

ÁVILA, Humberto. *Teoria dos princípios da definição à aplicação dos princípios jurídicos*. 15. ed. rev., atual. e ampl., São Paulo: Malheiros, 2013.

BERGQUIST, Jonatan H. *Blockchain technology and smart contracts*: Privacy-preserving tools. 2017. 62 f. Dissertação (Mestrado). Uppsala Universitet, Uppsala, 2017, p. 11. Disponível em: http://uu.diva-portal.org/smash/get/diva2:1107612/FULLTEXT01.pdf. Acesso em: 26-9-2021.

BONAVIDES, Paulo. *Curso de direito constitucional*. 28. ed. atual., São Paulo: Malheiros, 2013.

COSTA JR., Paulo José da. *O direito de estar só*: tutela penal da intimidade. São Paulo: Revista dos Tribunais, 1995.

COSTA, Susana Henriques da; FRANCISCO, João Eberhardt. Acesso à justiça e a obrigatoriedade da utilização dos mecanismos de *Online Dispute Resolution*: um estudo da plataforma consumidor.gov. *In*: LUCON, Paulo Henrique dos Santos [*et al.*] [coords]. *Direito, processo e tecnologia*, São Paulo: Thomson Reuters Brasil, 2020.

DE FILIPPI, Primavera; WRIGHT, Aaron. *Blockchain and the law*: the rule of code. Cambridge, Massachusetts: Harvard University Press, 2018.

ENGISCH, Karl. *Introdução ao pensamento jurídico*, trad. J. Baptista Machado. 9. ed., Lisboa: Fundação Calouste Gulbenkian, 2004.

FENOLL, Jordi Nieva. *Inteligencia artificial y proceso judicial*. Madrid: Marcial Pons, 2018.

FERRARI, Isabela [coord.] *Justiça digital*, São Paulo: Thomson Reuters, 2020, Edição Kindle.

HOUSE OF COMMONS – SCIENCE AND TECHNOLOGY COMMITTEE. *Algorithms in decision-making*: fourth report of session 2017-19, 2018, p. 7. Disponível em: https://publications.parliament.uk/pa/cm201719/cmselect/cmsctech/351/351.pdf. Acesso em: 26-9-2021.

HUBMANN, Heinrich. *Das persönlichkeitsrecht*. Münster: Böhlau-Verlag, 1953.

MASUDA, Yoneji. *A sociedade da informação como sociedade pós-industrial*, trad. Kival Charles Weber e Angela Melim. Rio de Janeiro: Ed. Rio, 1982.

MATTELART, Armant. *História da sociedade da informação*. 2. ed., São Paulo: Loyola, 2002.

MCCARTHY, J.; MINSKY, M. L.; ROCHESTER, N.; SHANNON, C. E.. A proposal for the Dartmouth summer research project on artificial intelligence, august 31, 1955. *In*: *AI magazine* 27 (4):12, 2006.

MELLO, Celso Antônio Bandeira de. *Curso de direito administrativo*. 30ª ed. rev. e atual., São Paulo: Malheiros, 2013

NERY JUNIOR, Nelson. *Princípios do processo na Constituição Federal*: (processo civil, penal e administrativo). 11. ed. rev., ampl. e atual., São Paulo: Revista dos Tribunais, 2013.

REALE, Miguel. *Lições preliminares de direito*. 27. ed. ajustada ao novo código civil, São Paulo: Saraiva, 2007.

RODOTÁ, Stefano. *Il diritto di avere*. Roma: Laterza, 2012.

SCHWAB, Klaus. *A quarta revolução industrial*, Tradução de Daniel Moreira Miranda. São Paulo: Edipro, 2016.

SILVA, Nilton Correia. Inteligência artificial. *In*: FRAZÃO, Ana; MULHOLLAND, Caitlin [coord.]. *Inteligência artificial e direito*: ética, regulação e responsabilidade. São Paulo: Thomson Reuters Brasil, 2019.

SWAN, Melanie. *Blockchain*. Sebastopol: O'Reilly Media, Inc., 2015.

ULRICH, Fernando. *Bitcoin:* a moeda na era digital. São Paulo: Instituto Ludwig Von Mises Brasil, 2014.

WARREN, Samuel; BRANDEIS, Louis. *The right to privacy*. Disponível em: https://civilistica.com/the-right-to-privacy/. Acesso em: 3-10-2021.

WOLKART, Erik Navarro. *Análise econômica do processo civil*. São Paulo: Thomson Reuters Brasil, 2019.